本书得到上海文化发展基金会图书出版专项基金资助

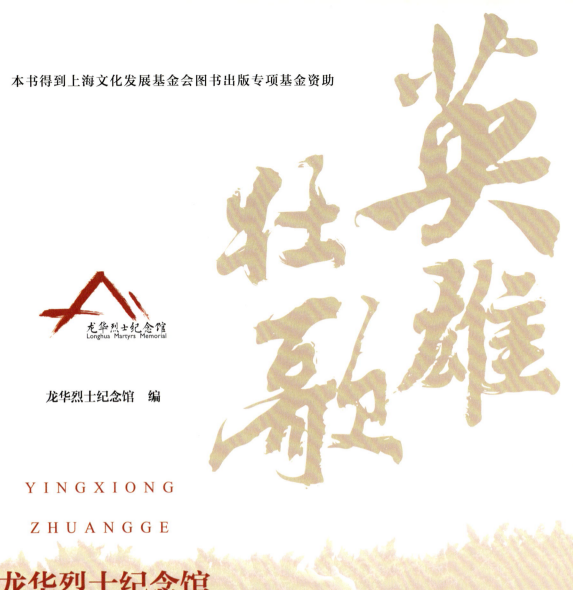

龙华烈士纪念馆　编

YINGXIONG

ZHUANGGE

龙华烈士纪念馆
基本陈列

上海教育出版社
SHANGHAI EDUCATIONAL
PUBLISHING HOUSE

前　言

　　上海是中国共产党的诞生地、中国革命圣地、中国经济建设中许多重大发明创造的发生地、中国改革开放的前沿阵地。上海，英雄辈出之城；龙华烈士陵园，英烈永生之所。

　　"龙华千古仰高风，壮士身亡志未穷。墙外桃花墙里血，一般鲜艳一般红。"这首诗歌，创作于龙华监狱内，是先烈为争取民族独立和人民解放，坚持理想，忠贞不渝的生动写照。一百多年来，众多英烈用奋斗与牺牲，凝聚了"祖国至上、无私奉献、锐意创新"的龙华精神。他们的事迹感天动地，他们的名字永载史册。我们在龙华烈士陵园走近英雄，传颂他们的故事，学习他们的精神，让一曲曲英雄壮歌成为中华民族的集体记忆，化为历史长河中的红色基因。

　　今天，我们正在中国特色社会主义道路上砥砺前行，这是一条无数仁人志士历经探索与牺牲而找到的正确道路，这是一项呼唤英雄、造就英雄的伟大事业。让我们继承先辈遗志，弘扬英烈精神，不忘初心，继续前进，为实现中华民族的伟大复兴而努力奋斗！

序　言

　　上海是一座英雄城市，作为党的诞生地、近代崛起的东方明珠，是中国近代从苦难到奋发的历史缩影。

　　在龙华革命纪念地上扩建而来的上海市龙华烈士陵园，是中国革命、建设、改革开放时期众多英烈的永生之地，是全国重点文物保护单位、全国重点烈士纪念建筑物保护单位、全国爱国主义教育示范基地，是上海规模最大的红色文化纪念地。陵园内的龙华烈士纪念馆陈列了257位英烈，是中国共产党人不忘初心的精神家园。

　　2017年，龙华烈士纪念馆完成了基本陈列《英雄壮歌——上海英烈纪念陈列》的升级改造。陈列以"英雄之城孕育英雄，英烈精神激励后人"为主题，通过"以史叙事，以事带人，以人见精神"的手法，在重大历史事件中凸显人物事迹和精神。在对英烈的表现上，除了运用人物肖像、简历、图片、实物外，还精心挖掘英烈格言，对英烈事迹进行文学创作，走出了一条以格言和故事突出英烈精神、引领陈列灵魂的新路。

　　陈列开幕以来，得到了各方的肯定和好评。为在更广阔的时空传播陈列内容，我们编印了这本画册，以便能使广大读者体会和感受英烈思想的光芒，唤起更多献身民族伟大复兴的力量。

目录

一、信仰的召唤

　　1840 年鸦片战争以来，中华民族内忧外患。中国的仁人志士一直在寻找救国之路，从太平天国、戊戌变法到辛亥革命，都以失败告终。1919 年，中国爆发了五四运动。参加五四运动的知识分子高举民主与科学的大旗，开始用马克思主义来思考国家的命运。

　　上海，是中国工人阶级最密集的中心城市。随着马克思主义的传播，第一个共产党早期组织于 1920 年 6 月在上海成立，它成为各地共产主义者进行建党活动的联络中心。1921 年 7 月，中国共产党在上海诞生。之后召开的中共二大提出了反帝反封建的民主革命纲领。中共一大和中共二大的召开共同完成了党的创建任务。

▲ 上海共产党早期组织成立旧址

▲ 1919 年 6 月 5 日，上海工人举行大罢工，显示了工人阶级的巨大力量。

◀ 1911 年，辛亥革命爆发。图为起义军占领上海县署。

辛亥风云

　　20世纪初的上海是资产阶级革命派的重要活动基地之一。1903年,《苏报》连载邹容的《革命军》,宣传反清革命思想。1904年,陶成章等在上海建立光复会。1907年,秋瑾主编的主张女权的《中国女报》在上海创刊。这些新思想对推动民主革命起了很大作用。此外,革命党人宋教仁、陈其美等积极联络各行业商团,于1911年7月在上海成立同盟会中部总会,促进了长江中下游地区的革命活动。1911年10月10日,武昌起义爆发,上海革命党人积极响应,于11月3日举行武装起义并光复上海,建立了沪军都督府。

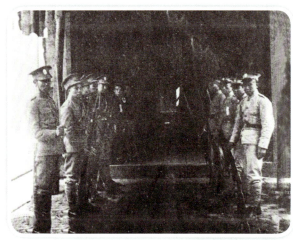

▲ 1911年11月3日,同盟会中部总会、光复会上海支部组织的敢死队和上海商团举行武装起义。图为起义军占领的江南制造局。

▲ 上海光复后,成立沪军都督府。图为都督府成员的合影。

—— 邹 容
（1885—1905）

　　四川巴县（今重庆）人。早年留学日本，接受资产阶级民主思想。1903年回到上海，加入爱国学社，其间完成《革命军》一书。同年，因"苏报案"被会审公廨判永远监禁。1904年，改判为两年监禁。1905年病逝于提篮桥监狱。

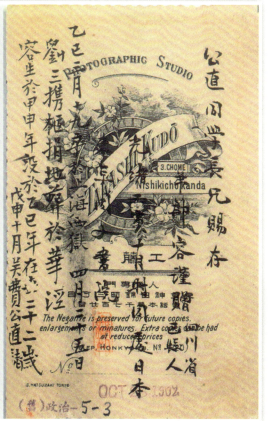

▲
邹容于1902年签名的照片

邹容著作《革命军》于1903年5月由上海大同书局出版。全书宣传革命思想，号召推翻清朝统治，反对外国侵略，主张建立"中华共和国"。

—— 秋 瑾
（1875—1907）

浙江绍兴人。早年留学日本。1905年，先后加入光复会、同盟会。1907年在上海创办《中国女报》，同年任绍兴大通学堂督办，后往来于沪浙等地，组织光复军，策划反清起义。7月被清政府逮捕，15日就义于绍兴轩亭口。

不惜千金买宝刀，貂裘换酒也堪豪。
一腔热血勤珍重，洒去犹能化碧涛。
　　　　　　　　——秋瑾（1905 年）

▲
1907 年前后，秋瑾在沪浙等地组织光复军，策划反清起义。图为秋瑾手书的"光复军军制"。

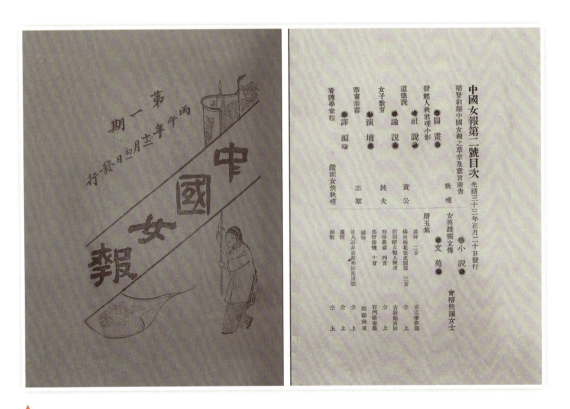

▲
1907 年 1 月，秋瑾在上海创办《中国女报》，提倡女权、宣传革命。图为《中国女报》。

●—— 宋教仁
（1882—1913）

　　湖南桃源人。1904年参与创建华兴会。1905年在日本参与发起同盟会。1910年回国，在上海任《民立报》主编。1912年任南京临时政府法制局局长。同年参与同盟会改组为国民党事宜，任国民党理事。主张成立政党内阁，以制约袁世凯。1913年，在上海火车站遭暗杀身亡。

白眼观天下　丹心报国家
——宋教仁（1912年）

1912年，宋教仁任中华民国政府内阁农林总长。图为宋教仁（后排左1）、蔡元培（前排右1）等内阁成员的合影。

中国共产党第一次全国代表大会

　　上海是中国工人阶级的发祥地，也是中国工人阶级最密集的中心城市。五四运动后，随着马克思主义的传播及其同中国工人运动的初步结合，建立工人阶级政党的任务被提上日程。1920 年 6 月，第一个共产党早期组织在上海成立，她一开始就面向全国、面向世界上有中国劳动群众的地方开展工作。1921 年 7 月，中共一大在上海法租界望志路 106 号召开。从此，中国出现了以马克思主义为行动指南的，以实现共产主义为奋斗目标的统一的无产阶级政党。这是中国历史上开天辟地的大事变。

▶ 1920 年，上海共产党早期组织以"社会主义研究社"名义出版的第一个中文全译本《共产党宣言》。

▶ 中共一大会址

李汉俊
（1890—1927）

　　湖北潜江人。早年留学日本。1918 年回国后，从事翻译和写作工作，宣传马克思主义。1920 年，参加上海马克思主义研究会，不久与陈独秀发起创建上海共产党早期组织。1921 年参与筹建中国共产党，并参加党的一大。1926 年春，到上海大学执教主讲唯物史观。1927 年，任湖北省政府委员兼教育厅长，同年遭桂系军阀逮捕杀害。

　　我们要使中国底混乱赶快终止，自然非努力使中国赶上社会主义的路上不可了。中国底同胞！努力吧！

——李汉俊（1922 年）

1919 年李汉俊（后排左 2）
与家人在上海的合影

1921 年 7 月，中共一大在李汉俊兄长寓所召开。出席大会的共 13 人，代表全国 50 多名党员。共产国际代表马林、尼克尔斯基也出席了会议。图为会场内景。

功以才成　业由才广

中共一大代表董必武如是说："李汉俊是我的马列主义学说的老师。"

李汉俊，"天马行空而步骤不凡"。他二十多岁就通晓英、法、德、日四国语言，并潜心攻读马克思学说。中国共产党在上海初创时期，他在进步刊物《星期评论》上发表和翻译了一大批宣传马克思主义的文章，并首次提出阶级论；他与陈独秀等发起组织了马克思主义研究会，为传播革命真理不遗余力；他帮助校正最早出版的马恩经典著作——《共产党宣言》中译本，为中共的指导思想奉献才华。

楚天才子功绩，永垂华夏史册。

中国社会主义青年团

　　1920 年 8 月 22 日，在上海共产党早期组织领导下，俞秀松等 8 人在霞飞路渔阳里 6 号成立上海社会主义青年团，俞秀松任书记。同年 9 月，在此挂出"外国语学社"的牌子，外国语学社是中共最早的干部学校。1922 年 5 月，中国社会主义青年团成立，团中央机关也设在渔阳里 6 号。

中国社会主义青年团中央机关旧址

外国语学社教室

——俞秀松
（1899—1939）

　　浙江诸暨人。1920年参加上海马克思主义研究会，后参加上海共产党早期组织。同年8月，参与创建上海社会主义青年团，任书记。1922年后，任第一届团中央执行委员、中共上海地委委员等职。1925年赴莫斯科学习。1935年受苏共中央委派到新疆，任反帝总会秘书长、新疆学院院长等职。1937年因苏联肃反运动扩大化遭逮捕。1939年在莫斯科遇害。

　　我的志愿是要做一个有利于国、有利于民的东西南北的人。

——俞秀松（1919年）

▶ 1920年，俞秀松（后排中）、罗亦农（前排左1）等上海社会主义青年团部分团员的合影。

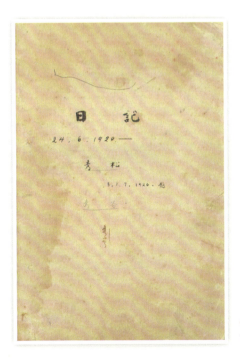

◀ 1920年6月至7月间的俞秀松日记

▶ 俞秀松任新疆民众反帝总会秘书长
时的留影

印痕长留　忠魂永存

　　"壮心欲填海，苦胆为忧天。"以此来形容俞秀松一生，乃恰如
其分。他在中共创建时期留下了不可磨灭的印痕：成立中共早期组
织，他有份；创建上海社会主义青年团，他有功；促成马恩经典著作
《共产党宣言》第一部中文全译本出版，他有胆有识。他参与创办的
外国语学社，是党培养干部的摇篮，刘少奇、任弼时、罗亦农等一个
个时代精英曾在此学习。

　　他于1939年2月在异国他乡含冤告别亲人，英灵扶摇直上重
霄九。

中国劳动组合书记部

　　中国共产党成立后，立即将组织领导工人运动作为党的中心工作。1921年8月11日，在上海北成都路19号创建了中国劳动组合书记部，作为党公开从事工人运动的总机关。张国焘任书记部主任，李启汉等为干事。书记部在全国许多城市设分部，其主要工作是举办工人补习学校，组建工人俱乐部，成立产业工会等。1922年5月，劳动组合书记部发起召开了全国第一次劳动大会，会议确认了书记部在全国工人运动中的领导地位。

▲
中国劳动组合书记部旧址陈列馆

1922 年 1 月至 3 月，在中国劳动组合书记部的指导下，香港海员为反抗英国资本家的压迫和剥削举行罢工。图为香港海员和市民欢庆罢工胜利。

——李启汉
(1898—1927)

湖南江华人。1920 年参加上海共产党早期组织，同年在上海创办全国第一所工人学校。1921 年组织中国共产党领导的第一次罢工斗争，并取得胜利。同年任中国劳动组合书记部干事兼《劳动周刊》编辑。1925 年任中华全国总工会执行委员兼组织部长。1927 年在广州被国民党反动派逮捕，后被秘密杀害。

快快改革起来，快快结合产业的团体，达到全世界（工人）的大联合，谋人类真正的幸福！

——李启汉（1921 年）

1920 年，上海共产党早期组织派李启汉到沪西小沙渡创办了全国第一所工人学校。图为该校旧址。

阴森黑暗的狱囚，
冰冷沉重的镣铐，
粗沙巨细的牢饭，
哦哦，我们的战士，
苦了你了！
屈指数来，
已是两年四个月了。
……
哦哦，我们的战士，
准备着迎战！
准备着厮杀！

1924 年，邓中夏为迎接李启汉的出狱而撰写的《启汉出狱——喜极而泣，诗以志之》。

中国共产党第二次全国代表大会

　　1922年7月,中共二大在上海召开。大会发表了中国共产党宣言,明确了党在现阶段反帝反封建的最低纲领和实现共产主义社会目标的最高纲领。在宣言的末尾,第一次写上了"中国共产党万岁!"的口号。大会制定了第一部党的章程,通过了"民主的联合战线"等9个决议案。

▲ 1922年7月,中共二大在上海召开。出席会议的代表12名,代表全国195名党员。大会共进行了8天,举行了三次全体会议。图为中共二大会议旧址。

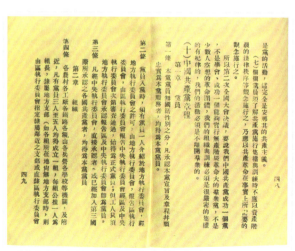

▶ 中共二大通过的《中国共产党章程》

蔡和森
（1895—1931）

湖南双峰人。1918 年参与组织新民学会，次年赴法勤工俭学，后筹组中国共产党旅欧早期组织。1921 年在上海参加中国共产党，从事党的理论宣传工作。1922 年任《向导》主编，并兼任上海大学教授。中共第二至六届中央委员，第五、六届中央政治局委员、常委。1931 年主持广东省委工作期间于香港被捕，同年在广州就义。

（我们）要明目张胆正式成立一个中国共产党！

——蔡和森（1920 年）

> 匡复有吾在，与人撑巨艰。
> 忠诚印寸心，浩然充两间。
> 1918 年 6 月蔡和森著《少年行——北上过洞庭有感》节录

▲
1919 年，蔡和森等人赴法勤工俭学所乘邮船——"盎特莱蓬"号。

英雄壮魂——龙华烈士纪念馆基本陈列

1920年，蔡和森在法国给毛泽东的信中明确提出了要建立共产党的观点。

1920年12月底，留法勤工俭学学生的进步组织工学世界社在法国蒙塔尔纪举行年会。图为蔡和森（前排左4）与工学世界社成员的合影。

要明目张胆正式成立一个中国共产党

"恰同学少年，风华正茂；书生意气，挥斥方遒。"这是毛泽东在词《沁园春·长沙》中，对其青少年时代的回忆。蔡和森正是"挥斥方遒"者之一。这位毛泽东的同乡挚友最早提出了"中国共产党"这个名称。1920年8月，在法国勤工俭学的他，写信给毛泽东指出："我以为先要组织党——共产党。"毛泽东回信说："见地极当，我没有一个字不赞成。"1920年9月，他在给毛泽东的信中又明确提出："要明目张胆正式成立一个中国共产党！"

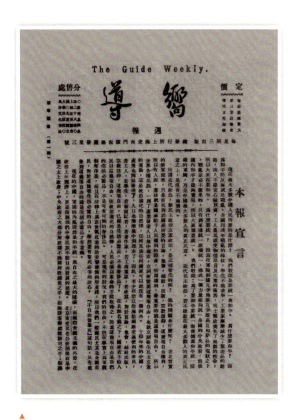

▲ 1922年9月，由蔡和森主编的中共中央机关刊物《向导》在上海创刊。图为《向导》创刊号。

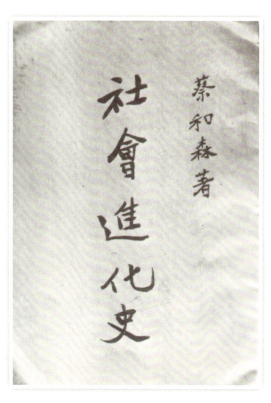

▲ 1923年蔡和森任上海大学社会学系教授，主讲社会发展史。图为蔡和森所著《社会进化史》教材。

二、使命的执着

　　1923 年 6 月召开的中共三大决定共产党员以个人身份加入国民党，之后国共合作的步伐大大加快。1925 年 1 月召开的中共四大提出了中国无产阶级在民主革命中的领导权问题与工农联盟问题。不久，中国共产党在上海领导了五卅运动，这次运动拉开了第一次大革命高潮的序幕。中国共产党在领导五卅运动的过程中，自身得到了锻炼和发展，党员队伍从 1925 年初的 900 多人到年底达 1 万多人。1927 年 3 月，上海工人第三次武装起义取得胜利，建立了工人阶级领导的市民政府。此举在中国工人运动史上写下了光辉的一页。

▲ 五卅惨案后，上海工商界联合会在南市公共体育场进行群众大会。

▲ 参加上海工人第三次武装起义的工人驱车进行战斗

▲ 上海工人第三次武装起义后，各界民众在南市公共体育场举行市民大会欢庆市民政府成立。

第一次国共合作在上海

　　1923年6月召开的中共三大对国共合作的方针和办法作出了正式决定。1924年1月召开的国民党一大，标志着国共合作正式形成。1924年3月，国民党上海执行部成立，在其中工作的共产党员做了大量卓有成效的革命工作。此外，由国共合作创办的、共产党实际领导的上海大学在国共合作的旗帜下，培养了一大批革命人才。

▲
1924年5月，恽代英（右2）等国民党上海执行部部分成员在孙中山寓所合影。

▶ 上海大学西摩路遗址

向警予
（1895—1928）

湖南溆浦人。早年赴法勤工俭学。1922年回国后参加中国共产党。中共二大后任中共第一任妇女部部长。1924年，任国民党上海执行部青年妇女部助理。1925年领导各阶层妇女投入五卅运动。1925年赴莫斯科东方大学学习。1927年在武汉从事工人运动和主编党的刊物《长江》（又名《大江》）。中共第四届中央委员、中央局委员。1928年在武汉被捕，不久在狱中就义。

共产党员是群众的核心，要说话有人相信，就要联系群众，带动群众，不摆一点架子。周围没有群众，就不是真正的共产党员。

——向警予（1928年）

1919年底，向警予为探索革命道路赴法勤工俭学。图为向警予（前排右5）在法国蒙塔尔纪女校与友人的合影。

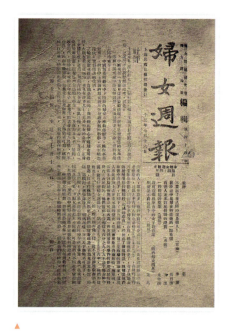

向警予主编的《妇女周报》成为当时指导
全国妇女运动的"精神的中心"。

1920 年 5 月，向警予和蔡和森在法国蒙塔尔纪结婚。图为两
人拿着《资本论》的结婚照。

1924 年 12 月，向警予在上海女界国民会议促成会成立大会上发表演说，阐明该会的宗旨
是"促成国民会议，一方解决国事，一方解决妇女"。

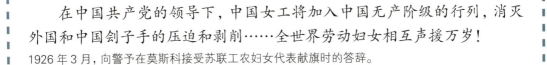

在中国共产党的领导下，中国女工将加入中国无产阶级的行列，消灭外国和中国刽子手的压迫和剥削……全世界劳动妇女相互声援万岁！

1926 年 3 月，向警予在莫斯科接受苏联工农妇女代表献旗时的答辞。

慈母心肠　英雄气魄

无情未必真豪杰，有志还看女英雄。这就是中共第一个女中央委员向警予的写照。1928 年 3 月，她在武汉被捕，被关押在卫戍司令部军法处。在狱中的深夜，她时常面壁而坐，对着照片上的两个孩子满怀深情地说："妮妮、博博，妈妈在叫你们呢，你们听见了吗……"说着说着，情不自禁，热泪盈眶。实堪称：天长路远思念苦，狱中凄凉断肠声。在赴刑场的途中，她高声呐喊："我是向警予，我是中国共产党党员！我为解放工农劳动大众，革命奋斗，死而无憾！"她的声音响彻湖北，灵魂回归湖南，足迹留存上海。

——恽代英
(1895—1931)

江苏武进人。1921 年参加中国共产党。1923 年主编团中央机关刊物《中国青年》。1924 年在第一次国共合作时期参加国民党上海执行部工作，后参与领导五卅运动、南昌起义和广州起义。曾任黄埔军校政治教官。中共第五届中央委员，中共第六届中央候补委员。1930 年在上海任中共沪东区委书记时被捕，后被关押在龙华国民党淞沪警备司令部。1931 年于南京就义。

浪迹江湖数旧游，故人生死各千秋。
已拚忧患寻常事，留得豪情作楚囚。

——恽代英（1931 年）

1923 年，恽代英在上海参与创办《中国青年》。恽代英在此刊先后发表近 200 篇文章和通讯，号召青年为实现革命理想而奋斗。

1924 年 3 月，恽代英（后排右 2）同邓中夏（前排右 1）等参加中国社会主义青年团第二届中央扩大会议的与会者在上海的合影。

恽代英任黄埔军校政治教官时编写的教材《政治学概论》

囚徒，时代的囚徒，

我们并不犯罪，

我们都从火线上捕来，

从那阶级斗争的火线上捕来。

囚徒，不是囚徒，

是俘虏！

我们并不怕死，

胜利就在我们眼前！

铁壁和铜墙，

手铐和脚镣，

锁得住我们的身，

锁不住我们的心！

1930年5月，恽代英被捕后，在狱中为了鼓励战友，写下了这首《时代的囚徒》。

留得豪情作楚囚

恽代英是一位擅诗善文、口才极佳的革命先驱。他在长江上下的激情演讲，使进步青年热血沸腾，于是他被尊为指路引航老师；他在黄埔军校的浩然正气，让反动势力惊恐不已，因而他被视为"黄埔四凶"之一。

"要能够很忠诚地接受党的训练，严格地服从党的纪律。"他的自律箴言，诠释了共产党员的党性修养。"浪迹江湖数旧游，故人生死各千秋。已拚忧患寻常事，留得豪情作楚囚。"他的狱中诗歌，展现了革命志士的高风亮节。

杨贤江
（1895—1931）

浙江余姚人。1919年参加少年中国学会。1921年起在商务印书馆编辑《学生杂志》。1922年参加中国共产党。先后任中共上海地方兼上海区执行委员会委员、国民党上海特别市党部执行委员等职。参加上海工人三次武装起义。四一二反革命政变后，受中共委派前往日本工作。1931年在日本逝世。

我必须以己之志诀吾之行，切不可存侥幸之想，又不可遇难而退，遇苦而悲，负虚此一生也。

——杨贤江（1915年）

1927年底，杨贤江东渡日本，化名李浩吾旅居京都，负责中国共产党日本特支工作。图为杨贤江（左1）在赴日本轮船上的留影。

1930年2月，杨贤江的著作《新教育大纲》出版，该书运用马克思主义的观点，科学地阐述了教育的规律和特点，为中国马克思主义教育理论体系的初步形成奠定了基础。

——李硕勋
（1903—1931）

四川庆符（今高县）人。1923年考入上海大学社会学系。1924年参加中国共产党，同年主持全国学联工作。1926年任国民党上海特别市党部秘书长、中共上海南市部委书记。后任中共江苏省委秘书长、中共浙江省委代理书记、中共沪西区委书记等职。1931年任中共广东省委军委书记。同年7月被捕，9月于海南就义。

> 我的人生观是革命，我的生命也就是革命了！
>
> ——李硕勋（1925年）

1925年6月，中华民国学生联合会第七次全国代表大会在上海召开。图为李硕勋（后排左4）等学联第六、第七届执行委员联欢时的合影。

▲ 李硕勋与妻子在上海的合影

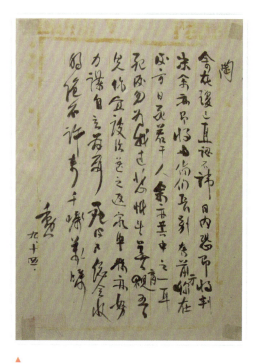

▲ 1931年9月李硕勋在狱中写给妻子的遗书

烈士鲜血，主义之花

李硕勋，一位铁骨铮铮、宁死不屈的硬汉。

"我是共产党员！"这是他在狱中经受一次次酷刑后的唯一话语，直至脊碎脚断，依然如此回答。"陶，余在琼直认不讳，在前方，在后方，日死若干人，余亦其中之一耳……死后勿为我过悲……尸总会收的，绝不许来，千嘱万嘱。勋"此乃他写给爱妻的遗书。

"烈士鲜血，主义之花。舍身成仁，闻名遐迩。滔滔南海，遥遥琼崖。硕勋忠骨，松茂芝华。"海南人民这样赞颂他。

—— 邓中夏
（1894—1933）

湖南宜章人。早年考入北京大学并发起组织北大平民教育讲演团，参加过五四运动。1920年参加马克思学说研究会和北京共产党早期组织。同年参与筹办长辛店劳动补习学校。1922年任中国劳动组合书记部书记。1923年任上海大学校务长。1925年参加领导上海工人二月大罢工以及省港大罢工。1928年后任中共江苏省委书记、广东省委书记等职。中共第二、五届中央委员，第三、六届中央候补委员。八七会议上当选为中央临时政治局候补委员。1933年5月在上海被捕，9月于南京就义。

我邓中夏化成灰也是中国共产党员！

—— 邓中夏（1933年）

1921年1月，邓中夏等在长辛店创办劳动补习学校，启发工人觉悟。图为长辛店劳动补习学校旧址。

省港大罢工期间，邓中夏向工人群众演讲。

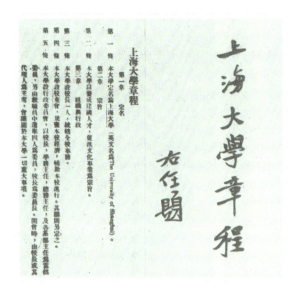

1923 年，邓中夏任上海大学校务长。图为邓中夏起草的《上海大学章程》。

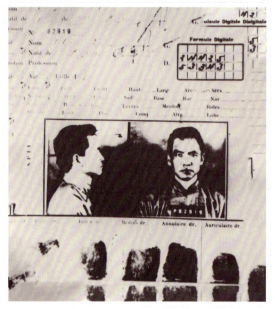

1933 年 5 月，贴有邓中夏照片的上海法租界巡捕房"政治犯登记表"。

> 一个人能为了最多数中国民众的利益、为了勤劳大众的利益而死，这是虽死犹生，比泰山还重。
>
> 邓中夏遗言

就是骨头烧成灰，还是共产党员！

1931 年 9 月，邓中夏被错误撤销党内外所有职务，来到上海从事印传单、办小报的工作。他虽遭如此之大的打击，却毫无怨言，依然兢兢业业、埋头苦干。1933 年 5 月，邓中夏在上海被捕，之后，关押在南京宪兵司令部。国民党的中央要员利用他遭遇的不公，劝他改弦易辙。他义正辞严地说："我被撤销职务，这是我们党内的事，与你们无关。"监狱内的党支部得知邓中夏多次被国民党中央要员传唤，便询问他的政治态度。他饱含深情作答："我坚持理想，就是骨头烧成灰，还是共产党员！"

——董亦湘

（1896—1939）

　　江苏武进人。1918年进上海商务印书馆编译所工作。1922年参加中国共产党，先后任商务党小组组长、支部书记等职。1924年至1925年执教于上海大学社会学系。1925年任国民党江苏省党部执行委员，同年发动领导商务印书馆罢工，不久赴莫斯科中山大学学习。1939年在苏联肃反扩大化中遇害。

　　　　　大丈夫以身许国，好男儿志在四方。

董亦湘在少年时期将这句誓言用小刀刻在笔筒上，置于案头，作为座右铭。

▲ 1924年董亦湘（后排右2）等欢送赴法勤工俭学同仁的合影

中国共产党第四次全国代表大会

为了加强对日益高涨的革命运动的领导，以迎接大革命高潮的到来，1925年1月，中共四大在上海召开。大会通过了《对于民族革命运动之议决案》等14个文件。这次大会在党的历史上第一次明确提出无产阶级在民主革命中的领导权和工农联盟问题，并对中国民主革命的内容作出了更加完整的规定。

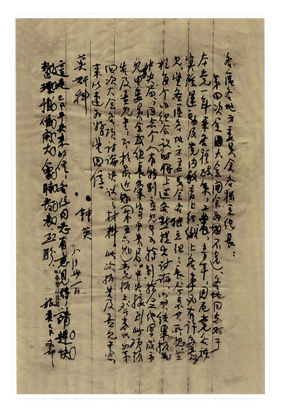

► 1924年8月，中共中央发出召开四大的通知。"钟英"两字为中央的谐音，由毛泽东亲笔签署。

► 中共四大遗址

张太雷
（1898—1927）

江苏常州人。1920 年参加北京共产党早期组织。1921 年陪同共产国际代表先后与李大钊、陈独秀等会谈。同年 6 月以中共代表身份出席共产国际三大。1922 年参加中共中央杭州会议，主张国共合作。中共第四届中央候补委员、第五届中央委员，第五届中央政治局候补委员、临时常委，八七会议上当选为中央临时政治局候补委员。1927 年领导广州起义，任总指挥。其间，遭国民党反动派伏击牺牲。

只有走十月革命的路，才能救中国！
——张太雷（1918 年）

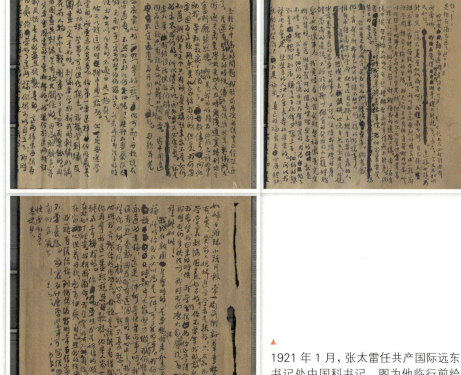

1921 年 1 月，张太雷任共产国际远东书记处中国科书记。图为他临行前给家人的信。

1921 年 6 月，张太雷为中共一大筹备组翻译了《中国共产党宣言》。

1923 年在莫斯科期间，张太雷（中）与日本共产党领导人片山潜（右）、越南革命家胡志明（左）的合影。

1926 年 11 月，张太雷随广州国民政府北上途经南昌时留影。

刻苦求学　志存高远

张太雷，出生于江南水乡，他与中共早期领导人瞿秋白、恽代英被称为"常州三杰"。

张太雷在念私塾时，就能娴熟背诵《千字文》，"天地玄黄，宇宙洪荒……"信手拈来，毫不费力；他在上小学时，在作文中写下了"今日之莘莘学子，明日之国家栋梁，刻苦求学，以复兴中华为己任……"一瓣心香，跃然纸上。

青年张太雷在国际舞台上的惊艳表现则更让人赞叹不已。"世界共产主义是一个整体，我们有共同的目标，这就是为共产主义理想在全世界实现而奋斗！"这是他在共产国际第三次代表大会上的演讲。他的话语让导师列宁频频点头，使各国代表连连鼓掌。

五卅运动

　　1925 年 5 月 15 日，顾正红为捍卫工人利益被日商资本家枪杀。惨案发生后，中共中央和上海党组织决定在 30 日举行大规模游行。5 月 30 日，游行群众遭英国巡捕镇压，百余人被捕。而后，英国巡捕又向要求释放被捕者的示威群众开枪，导致 13 人身亡，伤者不计其数。当晚中共中央召开紧急会议，决定罢工、罢课、罢市，以反抗帝国主义暴行。6 月 1 日，上海总工会成立，并宣布举行总同盟罢工，接着学生宣布罢课，商人宣布罢市，一场反帝风暴由上海席卷全国。

▲ 南京路五卅惨案现场

▶ 1925 年 6 月 11 日，上海工商学联合会在南市公共体育场举行群众大会。会后群众示威游行，队伍长达 10 余里。

──── 顾正红
（1905－1925）

　　江苏阜宁（今滨海）人。中共党员。1922 年先后进入上海日商内外棉九厂、七厂工作。1924 年参加沪西工友俱乐部，成为工人夜校活动的积极分子。1925 年参加二月罢工，同年 5 月 15 日为捍卫工人利益，惨遭日商资本家枪杀。他的牺牲成为五卅运动的导火索。

　　工人和工人都是亲兄弟，结不了冤。冤家只有一个，那就是东洋资本家！

——顾正红（1924 年）

▶ 1925 年 5 月，顾正红惨遭枪杀。图为《申报》报道的内外棉纱厂工潮酿成血案的情况。

▶ 顾正红惨案发生后，内外棉七厂工人举行示威游行。

壮举撼天地　五卅掀狂飙

捷克伟大爱国者伏契克说："英雄——就是这样一个人，他在决定性关头做了为社会的利益所需要做的事。"

1925年5月15日，为抗议日商纱厂资本家撕毁与中国工人达成的协议，中国工人顾正红带领工人群众冲进工厂与之交涉，被丧心病狂的日商举枪威胁。当顾正红的大腿被击中鲜血四溅时，他振臂高呼："工友们，团结起来！"当再次中弹时，他抓住树杆，号召工人继续斗争。当连续中弹并被刀猛砍后，他在昏迷中断断续续地说："我绝不去东洋人的医院……"

顾正红的血没有白流。他的壮举掀起了五卅狂飙，第一次大革命的高潮由此拉开序幕。

——刘　华
（1899—1925）

四川宜宾人。1923年入上海大学中学部半工半读。1924年参加中国共产党，同年到沪西工友俱乐部工作。1925年参与领导二月罢工和五卅运动。同年，先后担任中华全国总工会执行委员、上海总工会副委员长等职。1925年11月在上海被捕，12月被反动军阀杀害。

愿拼热血如春雨，洒遍劳工神圣花。

——刘华（1925年）

中华书局印刷所同事欢送刘华（后排右 2）进上海大学时的合影

1923 年 8 月，刘华在给叔父的信中表达了他为革命理想而努力的决心。

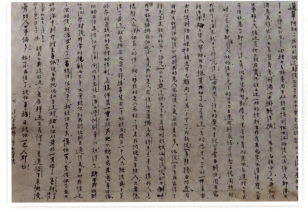 

国家衰弱强邻欺辱，神圣劳工辄为鱼肉，我亦民族分子，我亦劳工分子，身负重任，何以家为，须知有国，方有家也。

1925 年 5 月，在得知因自己参加革命而致全家遭当地反动势力迫害后，刘华强忍伤痛，在给兄长的信中表达了以天下为己任的决心。

临终心声见丹心　蜀中鸿哀哭故人

刘华是一位跨过蜀道、奔赴浦江的工人运动领袖。

当他日以继夜为工人运动奔波而积劳成疾时，在病榻上写下了"愿拼热血如春雨，洒遍劳工神圣花"的诗句；当他获悉在家乡的父亲被抓、母亲重伤、祖母病危时，在信笺上留下了"身负重任，何以家为，须知有国，方有家也"的话语；当他得知敌人将要对自己下毒手时，表达了"工友不要为营救我硬拼、流血"的心声。

刘华，纵去忠骨芳，不惭世上英。

━━● 瞿秋白
（1899—1935）

江苏常州人。早年参加五四运动。1922年参加中国共产党。1923年任上海大学社会学系主任。八七会议上当选为中央临时政治局委员、常委，并主持中央工作。中共第四至六届中央委员，第六届政治局委员。1931年后参与领导左联工作。1934年任中华苏维埃政府教育人民委员。1935年2月遭国民党当局逮捕，同年6月于福建长汀就义。

我吹着铁炉里的劳工之怒，我幻想，幻想着大同，
引吭高歌的……醉着了呀，群众！
锻炼着我的铁花，火涌。

——瞿秋白（1923年）

中国共产党第一份日报《热血日报》在五卅惨案后第二天于上海创刊，该报由瞿秋白主编。他在该报发表了大量重要文章，为中共领导五卅运动发挥了重要作用。

1927年8月7日，瞿秋白在汉口主持召开了中共中央紧急会议。图为会议旧址。

1931年瞿秋白在上海和鲁迅一起领导左联工作。他在左联的机关刊物《北斗》上发表大量文章，对指导中国革命文化起了重要作用。

瞿秋白就义前在福建长汀
中山公园中山亭前的留影

五卅狂飙的喉舌

瞿秋白自幼聪慧好学，成年后知识渊博，才华横溢。1925年5月30日，一场中国人民反对帝国主义的革命运动——五卅运动在上海爆发。6月1日，中共决定创办一份推进运动开展的报纸。6月4日，中共历史上的第一份日报《热血日报》问世了。其速度之快实属罕见。这份报纸的主编就是瞿秋白，他在报纸的发刊词上写下了"创造世界文化的是热的血和冷的铁"的铮铮之言。五卅运动以磅礴的气势拉开了中国第一次大革命高潮的序幕，《热血日报》的推波助澜则功不可没。

上海工人三次武装起义

　　为配合北伐，上海工人在中国共产党领导下举行了三次武装起义，前两次起义由于准备不充分而失败。1927年3月19日，中共上海区委发布第三次武装起义的预备动员令。随后，中共中央和上海区委建立特别委员会领导起义。21日，上海80万工人举行总罢工，并随即转为武装起义。经过激战，打败军阀部队，起义取得胜利。3月22日，上海各界举行市民代表会议，选举成立上海特别市临时市政府。

▶ 1927年2月，上海市民举行第二次武装起义，工人、学生和其他群众在老西门一带与军警对峙。

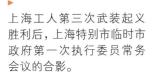

▶ 上海工人第三次武装起义胜利后，上海特别市临时市政府第一次执行委员常务会议的合影。

● 陶静轩
（1890—1926）

湖北江陵人。中共党员。在小沙渡内外棉十五厂做工。1925年参加二月罢工和五卅运动，同年任上海总工会执行委员。1926年参与领导上海工人第一次武装起义，因起义失败被捕，后在龙华遇害。

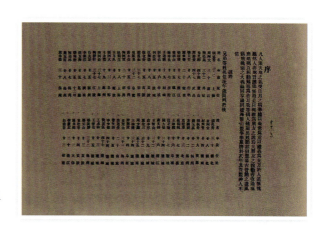

▶ 陶静轩在内外棉十五厂时的结拜兄弟书

商务七烈士

在上海工人第三次武装起义中，商务印书馆发行所、印刷所、编译所、总务处等职工都投入了这场战斗。商务印书馆群众指挥部领导职工承担了救护、交通、宣传、救火等任务；商务印书馆工人纠察队参加了攻打东方图书馆等战斗。在这次起义中，有7位职工英勇牺牲。

▲ 上海工人第三次武装起义纠察队总指挥部——商务印书馆的东方图书馆

▲ 第三次武装起义中的商务印书馆女工救护队

● —— 侯绍裘
（1896—1927）

江苏松江（今上海）人。1919年参加五四运动。1921年任松江景贤女子中学校务主任，努力革新教育，提倡新思想。1923年参加中国共产党。第一次国共合作期间任国民党江苏省党部常委。五卅运动中参与指挥上海各大学学生游行示威。1927年参加上海工人第三次武装起义组织工作。起义胜利后，出任上海特别市临时市政府委员并主持国民党江苏省党部工作。同年4月，在南京被国民党反动派杀害。

一个人不是为了一己而生，是为社会为人类而生。

——侯绍裘（1921年）

1921年，侯绍裘自筹资金，接办了松江景贤女子中学，培养了大批进步学生。图为松江景贤女子中学旧址。

1923年5月，侯绍裘参与创办了以"介绍新的思想，提高民众常识"为宗旨的《松江评论》。

心如铁石 气若风云

侯绍裘的人生格言：以最多数人之最大幸福为人生的最终目的。

五卅风暴掀起之时，他以红色堡垒上海大学学生总指挥的身份，带领学生冲锋在前，威风八面；黑云压城城欲摧之际，他在南京毅然取缔国民党右派操纵的组织，临危不惧；不幸被捕之后，他面对敌人许以"江苏省主席"官位的劝降许诺，嗤之以鼻。

马克思说：那些为最大多数人们带来幸福的人，他们为最幸福的人。侯绍裘的人生格言及其革命气节，与之何其相似乃尔。

陈博云
（1893—1927）

湖北黄陂人。1925年参加中国共产党。曾领导太古公司码头工人进行斗争。上海工人第三次武装起义时，领导浦东工人纠察队先后攻占了浦东第三警察署及杨家渡警察所。1927年4月被捕，于龙华就义。

► 上海工人第三次武装起义时，陈博云领导浦东工人纠察队在浦东烂泥渡工人宿舍区挖地道，用作秘密指挥点和储藏枪支弹药。

二、使命的执着

●——汪寿华
（1901—1927）

浙江诸暨人。1920年到上海外国语学社学习。1921年赴莫斯科学习，后参加中国共产党。1924年底回国后参加中共四大。五卅运动时，任上海总工会宣传科主任。参与领导上海工人三次武装起义。起义胜利后，任上海特别市临时市政府委员、上海总工会委员长。1927年4月惨遭杀害。

革命是追求真理的事业，（我们）应尽力地走我们现在应走的路。如果牺牲了，以后的路自会有人来继续走下去的。

——汪寿华（1927年）

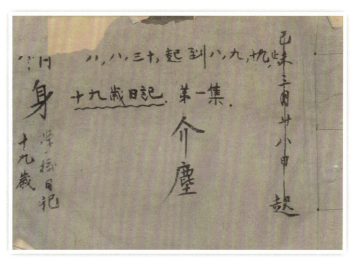

▲
1919年，汪寿华在浙江省立第一师范学校求学时的日记本。

49

▲
上海工人第三次武装起义胜利后,汪寿华(台上中立者)在上海工人纠察队成立大会上讲话。

清风两袖朝天去

"日帝鸣枪杀正红,工人五卅怒潮冲。日夜操劳为奋起,义举三回赫赫功。"这是在第一次大革命期间,工人群众对上海总工会委员长汪寿华的赞颂。

然而,令人难以想象的是这位委员长在上海工作时,住的是小阁楼,穿的是旧衣服,盖的毯子是另一位工运领袖刘华的遗物。更有甚者,寒冬腊月之际,因无钱买棉鞋,他脚上长满了冻疮……

他临终前,向党组织作了最后表白:"为了党和工人阶级的事业,我宁愿牺牲一切!"

赵世炎
（1901—1927）

四川酉阳（今重庆）人。早年赴法勤工俭学，1921年参与组建旅欧共产党早期组织。1922年参与组建旅欧中国少年共产党。1924年回国后任中共北京地委书记、北方区执委会宣传部长等职。1926年后任中共上海区委组织部部长兼上海总工会常务委员会主席、中共江苏省委代理书记等职。参与领导上海工人三次武装起义。中共第五届中央委员。1927年在上海遭国民党反动派逮捕，后于龙华就义。

志士不辞牺牲，革命种子已经布满大江南北，一定会茁壮成长起来，共产党最后必将取得胜利！

——赵世炎（1927年）

1920年5月，赵世炎与四川、湖南等省的勤工俭学学生从上海出发赴法。图为赵世炎（3排右1）与勤工俭学学生抵达马赛后的合影。

我们站在巴黎铁塔顶上，高处不胜寒，一片苍茫茫，翘首远望遥指北方，万千风光，令人神往！

听呵！列宁在演讲，人民群众在拍掌，《国际歌》响震云霄，欢呼口号声若狂。看呵！满天大雪，无数红旗飘扬。

1920年赵世炎在巴黎勤工俭学时所作的诗，表达了他对共产主义事业的向往。

赵世炎留法期间刻苦学习。图为他题字的"黄昏之贼"照片，意喻要抓紧时间学习。

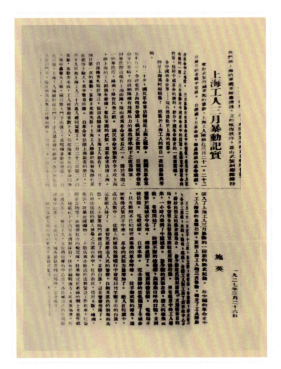

1927年，赵世炎（施英）在中共中央机关刊物《向导》上发表的文章，高度评价了上海工人三次武装起义的伟大意义。

▶ 赵世炎在上海的被捕地

英豪气概赤子心

世界著名文学大师巴尔扎克说：一个有信仰的人，才是一个力量无边的人。赵世炎就是这样一个尽显英豪气概之人。

"共产主义万寿无疆！"这是他站在巴黎埃菲尔铁塔上，通过呐喊向全世界宣示的信仰。强忍酷刑后撕心裂肺的疼痛，横眉冷对敌人威逼恐吓。这是他坚持自己的信仰，信仰重于生命的风骨。"要照顾好参加过上海工人武装起义生活有困难的工人。"这是他临终前在狱中向外面党组织传递的最后心声。

赵世炎，虽逝而不朽，逾久而弥存。

——罗亦农
（1902—1928）

湖南湘潭人。1921年留学期间参加中国共产党，任中共旅莫斯科支部书记。1925年回国后，任中共江浙区委书记。1927年参与领导上海工人三次武装起义。同年任中共中央组织局主任。中共第五届中央委员，八七会议当选中央临时政治局委员，后任中央临时政治局常委。1928年在上海被捕，后于龙华就义。

我们如果害怕，就不是一个共产党员！黑暗终将过去，胜利是属于人民的。

——罗亦农（1927 年）

1921 年 4 月，罗亦农（中）离沪赴莫斯科前与外国语学社同学的合影。

1927 年 3 月，罗亦农在中共上海区委召开的联席会议上，发布第三次武装起义的预备动员令。图为会议记录。

罗亦农为列宁守灵时佩戴的纪念章

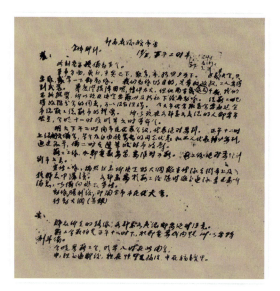

永别了！灵其有知将永远拥抱你，望你学我之所学，以慰我。胜利终是我们的！

罗亦农就义前给妻子的遗书

1927 年 3 月，罗亦农参加上海特别市临时市政府成立典礼时穿的马褂、长袍。

亦工亦农建奇功　血洒龙华落泥红

罗亦农原名"善扬"，他易名"亦农"，为表明既要服务工人，亦要服务农民的决心；他 17 岁只身来到上海，阅读《新青年》、拜访陈独秀，誓为农民"寻找一条出路"；他到莫斯科求学，决心成为"以革命为职业的共产主义者"。

举世闻名的五卅运动、省港大罢工、上海工人三次武装起义，是他叱咤风云的舞台，其不朽功勋，赫赫有名；"学我之所学，以慰我。"是他写给妻子的遗书，其殷殷之情，跃然纸上；"勉励在外同志继续奋斗！"是他在狱中留给党中央的遗言，其壮志未酬，令人扼腕。

—— 顾作霖
（1908—1934）

江苏嘉定（今上海）人。1925年考入上海大学学习。1926年参加中国共产党。1927年参与领导上海工人第三次武装起义浦东地区战斗。历任中共山东省委委员、中共江苏省委委员、共青团江苏省委书记等职。1931年任中共苏区中央局委员。中共第六届中央政治局委员。1934年在瑞金病逝。

休损害宝贵的身体，莫辜负不再的韶光，伟大的事业，正需要你年轻力壮。

——顾作霖（1931年）

孙男自入校后，即勤勉读勿稍怠惰。虽清晨夜半，亦不自歇息。故成绩得以名列前茅，受师长之赞誉，启学友的羡慕。孙男因之更自惕励，冀日益进步，而抵于成，为社会谋幸福，作建国之伟业。

1925年顾作霖在上海大学就读期间给祖父的信，信中表达了他追求真理、救国救民的远大抱负。

▲ 1926年，顾作霖任共青团上海杨树浦部委书记。图为共青团杨树浦部委机关旧址。

▲ 1931年，顾作霖参与主持共青团苏区中央局机关刊物《青年实话》的出版发行工作，并为该刊撰稿。

1931 年 1 月中共苏区中央局成立，顾作霖任中央局委员。图为中共苏区中央局旧址。

中央苏区的共青团旗手

"赤橙黄绿青蓝紫，谁持彩练当空舞？"这是 20 世纪 30 年代初，中央苏区一派欣欣向荣景象的写照。众多共青团员的身影，是苏区一道朝气蓬勃的风景线。

顾作霖为了共青团组织的壮大，作出了不懈努力。"哪个地方共青团员少于共产党员的数量，是我们工作的失职，甚至职责耻辱！"这是他在共青团工作会议上的疾呼。"要像大年初一迎客那样，热情地敞开团的大门。"这是他一而再、再而三的要求。此后，团员数量迅速发展，10 余万共青团员成为苏区工作颇具活力的有生力量。

四一二反革命政变

　　1927年4月12日凌晨，蒋介石指使流氓袭击上海工人纠察队，派军队收缴纠察队枪械，疯狂屠杀工人。13日上午，上海总工会召开10万人群众大会，会后愤怒的工人群众冒雨游行抗议。反动军队在宝山路开枪屠杀群众，造成宝山路血案。数日内，蒋介石下令查封各种团体，大肆捕杀共产党人和革命群众，这就是震惊中外的四一二反革命政变。这次政变，是大革命从胜利走向失败的转折点。

◄ 四一二反革命政变后，大批共产党人和革命志士遭到搜捕和屠杀。

► 四一二反革命政变后，国民党在龙华设立了淞沪警备司令部。此后十年间，数以千计的共产党人和革命志士在这里被关押、被杀害。

——宣中华
（1898—1927）

　　浙江诸暨人。五四时期浙江学生运动领袖之一。1921年参加上海马克思主义研究会。1924年参加中国共产党。第一次国共合作时任国民党浙江省临时党部执委。曾任中共上海闸北部委书记。四一二反革命政变后，从杭州赴上海途中遭国民党反动派逮捕，后于龙华就义。

▶ 宣中华在浙江省立第一师范学校读书时放书籍的竹篾箱

　　我们如怕危险，何不回家去做垂堂的千金之子，何苦挂着革命的招牌自欺欺人。

1925年10月，宣中华面对危险时的话语。

——孙炳文
（1885—1927）

　　四川南溪人。早年参加同盟会。1922年赴德勤工俭学，同年参加中国共产党。1925年任国民革命军上校秘书兼黄埔军校教官。北伐开始后，任国民革命军总政治部广州后方留守主任。1927年赴武汉工作途经上海时，正值四一二反革命政变，不幸被捕，后于龙华就义。

不更懋勉而强食人间菽粟，何以对良知？何以谢社会？何以型后世？

——孙炳文（1922 年）

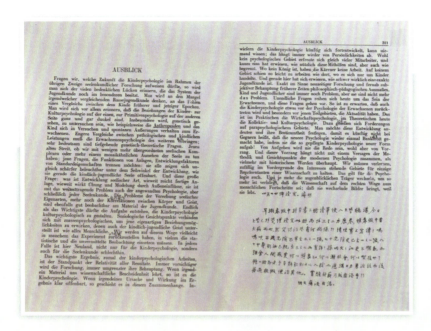

孙炳文德国留学时读过的《比较心理学手册》，上面写满了注释。

孙炳文（左 3）在德国声援五卅运动后，与友人的合影。

生追马克思　死为共产党

孙炳文，堪称济世之才、民族精英。

"黄金万镒值现价几何？"——他在课堂上对封建伦理提出的诘问。"男儿报国耳，莫取孤筝弹。圣人邈天际，君看披心肝。"——他在彷徨追索时迸发的呼喊。"何以对良知？何以谢社会？何以型后世？"——他欲投身革命时表达的急切心情。"生追马克思，死为共产党！"——他在入党时确立的人生信条。当他的噩耗传来，开国元勋朱德总司令当时难抑悲痛，噙泪命笔："肝脑皆裂，顿失知觉。"

——安体诚
（1896—1927）

　　河北丰润人。早年留学日本。1921年创办天津工余补习学校，参与领导北方铁路工人运动。1922年参加中国共产党。1923年在杭州法政学校任教。第一次国共合作期间任国民党浙江省党部委员，期间在上海大学兼课，讲授现代经济史。1925年任中共西安特别支部书记，次年前往广州任黄埔军校政治教官。四一二政变后，奉命赴武汉工作途经上海时被捕，后于龙华就义。

　　做一个军人，必须做到不要钱、不要命、爱国家、爱百姓。

　　　　　　　　　　　　　　——安体诚（1927年）

1918 年，安体诚（后排左 2）
与同学在日本的合影。

劳工神圣的"神"是属"真理""光明""科学精神"；而"圣"
属"正义""正大"，属"哲理关系"。"劳工可以生产，改造社会，
实现理想"。

1920 年 11 月，安体诚在《民国日报》发表的《对于"神圣"二字意义之所感》。

"这个同志非常好！"

开国总理周恩来一提到安体诚，总是赞誉："这个同志非
常好！"

安体诚家道殷实，天资聪慧，学业优秀。然而，他选择的人
生道路是拯救民众于水深火热之中，而非沉溺在笙歌袅袅之境。
他在报纸上宣示的人生意义是："为人类社会的进步作出贡献。"
他在黄埔军校任政治教官时，情有独钟的歌词是："以血洒花，以
校作家，卧薪尝胆，建设中华。"他被捕后始终神态"安"然、"体"
恤同志、对党"诚"笃，直至平静离世。

——杨培生
（1883—1927）

上海人。1925年参加中国共产党。同年任祥生铁厂工会会长，组织工人参加五卅运动。1926年，任中共浦东部委组织委员。参与上海工人第三次武装起义。四一二反革命政变后，任上海总工会代理委员长。1927年任中共第五届中央候补监察委员、中华全国总工会执行委员等职。同年被捕，后于龙华就义。

▲
1919年7月，杨培生（2排左5）等在上海内园集会发起成立"铜铁机器公会"时的合影。

军阀骂党是乱党，外国人把党看成眼中钉，我看党为平民办事就是好，即使砍我脑袋，我也要参加共产党。
1925年6月杨培生在入党时说的话

三、信念的坚守

第一次大革命失败后，全国革命形势转入低潮。中国共产党及时总结了经验教训，开始独立高举革命旗帜，继续进行反帝反封建斗争。这个时期，中共中央和中共江苏省委在上海领导了一系列艰苦卓绝的革命活动，自身也经受了严峻的考验。一批共产党员和革命志士为探索中国革命道路而英勇献身。

此外，自 1927 年 10 月起，全国各地的许多文化人士汇集上海。他们继承五四运动的传统，在中国共产党领导下，组织各类社团，积极传播马克思主义与进步思想，挫败了一次又一次国民党发起的文化"围剿"，在文学艺术和社会科学领域开辟了左翼文化的新天地。

▲ 1928 年春至 1931 年中共中央政治局机关旧址

▶ 1930 年 3 月，鲁迅等人发起组织的中国左翼作家联盟成立。图为左联成立旧址。

前仆后继

第一次大革命失败后，中共中央于1927年8月7日在武汉召开紧急会议，确定了土地革命和武装反抗国民党反动派的方针。中共江苏省委领导上海人民在极端艰苦的条件下，同反动当局继续开展斗争。许多优秀共产党员在斗争中献出了宝贵的生命。

▲ 1927年秋至1928年中共中央机关的接头地点

▲《红旗日报》秘密印刷地点之一

●——陈延年
（1898—1927）

　　安徽怀宁人。早年赴法勤工俭学。1922 年参与组建旅欧中国少年共产党，同年参加中国共产党。1923 年进入莫斯科东方大学学习。1925 年任中共广东区委书记，参与领导省港大罢工。1927 年，先后任中共江浙区委书记、上海区委书记等职。中共第五届中央委员。1927 年 6 月，在参加中共江苏省委干部会议时被捕，不久于龙华就义。

　　我们的党不是从天上掉下来的，也不是从地上生出来的，更不是从海外飞来的，而是在长期不断的革命斗争中，从困苦艰难的革命斗争中生长出来的，强大出来的。

——陈延年（1926 年）

▲ 1922 年旅欧中国少年共产党成立后，陈延年负责编辑出版机关刊物《少年》，积极宣传马克思主义。

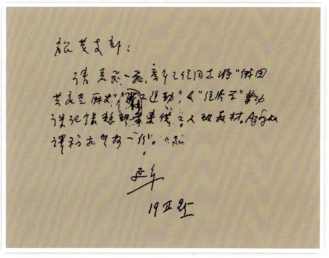

▲ 1925 年 2 月，陈延年写信给在莫斯科学习的友人，希望将东方大学的听课笔记整理好后寄回来做广州农民运动讲习所教材。

陈延年参与领导的
省港大罢工

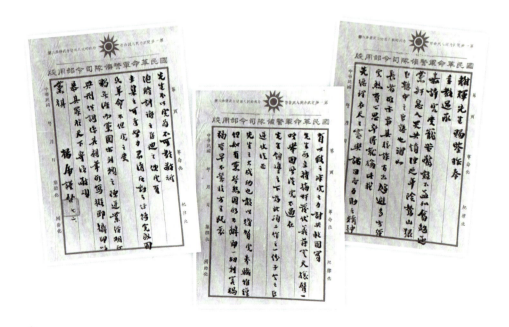

1927年7月，国民党淞沪警备司令杨虎就逮捕与杀害陈延年一事
写给国民党中监委吴稚晖的表功信。

"革命者只有站着死，绝不下跪！"

陈延年，中共创始人陈独秀之子，承其父革命之志而愈勇，时人谓其胆魄"过于其父百倍"。此言不无道理：他在大革命时期叱咤风云，威震四方。1927年，国民党发动四一二反革命政变，共产党人和革命志士血流成河。然而，陈延年在极端恐怖中毫不畏惧，担任了中共江苏省委书记等要职，决心重整旗鼓，再燃革命烽火。不久，他在召开省委会议时被捕。1927年7月4日夜，他被押赴龙华刑场。面对一群刽子手高举屠刀，恶狠狠地勒令"跪下，跪下"，他昂首挺胸，大声说道："革命者只有站着死，绝不下跪！"刽子手听罢一拥而上，挥刀向他猛砍。但，血肉飞溅的陈延年久久挺立不倒……一如"生当作人杰，死亦为鬼雄"。

壮哉陈延年，浩气贯长虹。

张宝泉
（1901—1928）

陕西三原人。1924年参加中国共产党，不久赴莫斯科东方大学学习。1925年回国后，在上海中共中央机关工作。1927年任中共中央交通处内交主任，负责中共地下组织的联络、文件传递等工作。1928年4月在上海被捕，不久于龙华就义。

▶ 1924年，张宝泉赴莫斯科学习时的留影。

陈乔年
（1902—1928）

安徽怀宁人。早年赴法勤工俭学。1922 年参加中国共产党。1923 年进入莫斯科东方大学学习。1925 年任中共北京地委组织部长、北方区委组织部长等职。1927 年任中共中央组织部副部长、中共江苏省委组织部长等职。中共第五届中央委员。1928 年在上海被捕，不久于龙华就义。

1925 年 4 月，《新青年》刊登的陈乔年翻译的列宁文章《社会主义国际的地位和责任》。

1926 年 3 月 18 日，为抗议日本帝国主义暴行，陈乔年领导北京群众示威游行。图为示威群众与反动军阀对峙。

丹诚赤如血　安肯输心去

陈乔年被捕身份暴露后，深知既入虎口，势难生还。他在狱中受尽各种酷刑的反应——横眉冷对，不吐一字。他与难友的告别话语——让我们的子孙后代享受前人披荆斩棘的幸福吧！他对党组织吐露的心声——对党的尽力营救表示衷心感谢，希望党不必再为营救自己而费心花钱。

中共创始人李大钊曾说：人类的生活，必须时时刻刻拿最大的努力，向最高的理想扩张传衍……别开一种新局面。

── 郑覆他
（1904—1928）

浙江诸暨人。1923年参加中国共产党。1925年任上海印刷总工会总务长。1927年率市政工人参加上海工人第三次武装起义，同年先后任中华全国总工会执委、上海总工会委员长、中共江苏省委常委等职。1928年在上海被捕，不久于龙华就义。

郑覆他被捕后，在狱中写给父亲的信。

──许白昊
（1899—1928）

　　湖北应城人。1921年参加中国劳动组合书记部工作。1922年参加中国共产党。同年负责中国劳动组合书记部武汉分部领导工作。1923年参与领导二七大罢工。曾任中共第五届中央监察委员、中央工委委员、中共江苏省委委员、上海总工会党团副书记兼组织部部长等职。1928年在上海被捕，后于龙华就义。

▶ 许白昊牺牲后，项英著《许白昊同志传略》。

●——苏兆征
（1885—1929）

　　广东香山（今珠海）人。1922年参与领导香港海员大罢工。1925年参加中国共产党，同年参与领导省港工人大罢工。1926年任中华全国海员总工会和全国总工会执委会委员长。广州起义后，任广州苏维埃政府主席。中共第五届中央政治局候补委员，八七会议上当选为中央临时政治局委员、常委，第六届政治局委员、常委。1929年因积劳成疾在上海逝世。

　　大家同心合力，一致合作，达到革命的最后成功！

——苏兆征（1929年）

▶ 1922年1月香港海员大罢工中，苏兆征被选为罢工总办事处总务部主任兼管财务收支。他廉洁奉公，不谋私利。这是他经手的中华海员工业联合总会劝捐缘簿。

▶ 1922年香港海员大罢工胜利后，苏兆征（前排右3）与部分海员代表合影。

▲ 苏兆征（中）与邓中夏（右）等省港大罢工领导人在开会

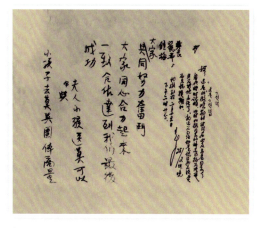

▲ 苏兆征遗言，由邓颖超记录，周恩来注释。

务使劳工群众与农民工商业者，在革命同盟之下，认清敌人所在，共同奋斗。盖惟工人农民获得真正利益，工商业乃能发达，而国民革命方有成功之日也。

1927 年苏兆征任汉口国民政府劳工部长期间发表的通电

工运先驱　彪炳千秋

苏兆征，一位叱咤风云的早期中国工人运动领袖。

青年苏兆征才华横溢，孙中山先生对其大为赏识，亲自介绍他参加革命组织同盟会。从此，他"功业逐日以新，名声随风而流"。1922 年 3 月，由他领导的香港海员大罢工取得重大胜利，由此，掀起了中共领导工人运动的第一次高潮。1927 年 7 月，汪精卫叛变革命。他猛烈抨击汪精卫的无耻行径，并联合武汉国民政府农政部长谭平山愤然退出武汉国民政府。其凛然风骨彰显无遗。

丈夫虽去功业昭，壮志依然抑九霄。

军委四烈士

1929年8月24日，中共中央军委机关遭破坏。正在开会的中共江苏省委军委书记彭湃、中央军事部长杨殷、中央军委委员颜昌颐和江苏省军委干部邢士贞被捕。他们在狱中坚贞不屈，并在写给党中央的信中表示：为了党的事业，绝不畏惧牺牲。30日，四人于龙华就义。

彭湃等人被捕地点

彭湃（安）、杨殷（揆）等在狱中联名致党中央和冠生（周恩来）信，报告狱中情况，希望党中央负责同志"要为党惜身"，不要为他们的牺牲而哀痛。

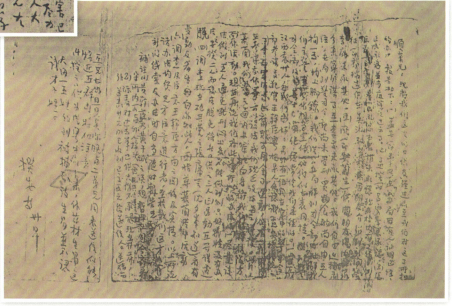

彭湃
(1896—1929)

广东海丰人。早年留学日本。1924年参加中国共产党。同年创办广州农民运动讲习所。1927年参加南昌起义，任中共前敌委员会委员。后创建海陆丰工农政权。1928年后在上海任中共中央农委书记、中央军委委员兼江苏省委军委书记。中共第五届中央委员，八七会议上当选为中央临时政治局委员，第六届政治局委员。

图农民生活之改造。图农业之发展。图农民之自治。图农民教育之普及。

——彭湃（1923年）

▲
1917年彭湃赴日本留学，并在日本接触到进步思想。图为彭湃在日留学时伏案学习。

▶
1924年，彭湃参与创办广州农民运动讲习所，并任第一和第五届主任。图为彭湃（2排左12）和第五届农讲所学员毕业合影。

1926 年彭湃在《中国农民》上发表《海丰农民运动报告》，这是中国共产党最早总结农民运动经验的一部重要著作。

彭湃在欢送北伐军大会上演说

广东"农民王"——"湃哥"

在轰轰烈烈的第一次大革命时期，有一位被誉为广东"农民王"的风云人物，他就是中共早期领导人彭湃。彭湃虽出身于一个工商业者兼地主家庭，却秉持解放劳苦大众的理想。他青年时期，经常身穿粗布衣服，头戴斗笠，到田间同贫苦农民交朋友并与他们一起劳动，还当众烧毁了祖父留给他的田契。因而，家乡农民亲切地叫他"湃哥"。这个"湃哥"还是第一届广州农民运动讲习所的负责人，学员们从这里奔赴各地农村，去开展农民运动。革命的火种在广大农村点燃，亿万被唤醒的贫苦农民汇聚到大革命的洪流之中。

杨殷
（1892—1929）

广东香山（今中山）人。早年参加同盟会和中华革命党。1922 年参加中国共产党。1924 年率团来上海支援南洋兄弟烟草公司工人罢工斗争，同年任广东区委委员。1925 年参与领导省港大罢工。1927 年广州起义后任广州苏维埃政府人民肃反委员、代主席。1928 年秋到上海任中共中央军事部部长。中共第六届政治局委员、常委。

▶ 杨殷在同乡中积极发展工运支持者。图为 1923 年，杨殷（中）与同乡合影。

▲ 杨殷撰写《斗争中的回忆》以纪念广州暴动

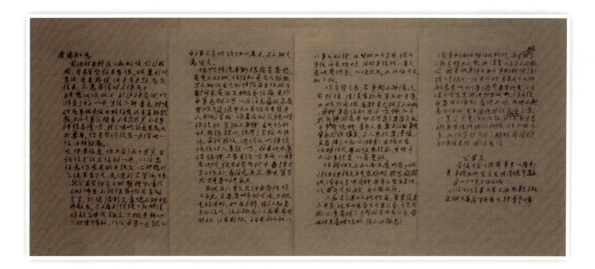

杨殷写给女儿的信

心底无私天地宽

何为心底无私？杨殷的所作所为作出了诠释。

为了解放生活在倍受奴役中的劳苦大众，他下定决心，投身革命加入党；为了解决党的活动经费，他毫不犹豫，将自己的金银首饰与田产、祖屋变卖，所得款项全部交给党组织；为了全身心从事革命活动，他满不在乎，辞去薪资颇丰的职务，成为一个职业革命者；为了集中精力开展工作，他忍痛割爱，把子女交给亲友抚养。

科学巨匠爱因斯坦说过：一个人的价值，应当看他贡献什么，而不是获取什么。

颜昌颐
（1900—1929）

湖南安乡人。早年赴法勤工俭学。1922年参加中国共产党。1924年赴莫斯科学习。翌年回国，在中共中央军委工作。1927年任上海工人第三次武装起义军委特别委员。1927年任南昌起义前敌军委委员。同年前往广东，任中共东江特委军委主任。1928年到上海任中共中央军委委员兼江苏省委军委军事科长。

以国家为重，以人民利益当先！

——颜昌颐（1926年）

儿早已许身社会，奔走南北，前途多荆棘，全力为社会，一心报国家。

1926年颜昌颐写给父母的信

▶ 1927年，为准备举行上海工人第三次武装起义，颜昌颐被任命为中共上海区委特别军委委员。

邢士贞
（1903—1929）

山西汾西人。1927年参加中国共产党。1928年到上海，任中共中央军委士兵科科长、中共江苏省委军委委员，在吴淞地区从事兵运工作。

▶ 邢士贞在中共江苏省委军委工作时撰写的军科工作总结报告

缪伯英
（1899—1929）

湖南长沙人。1920年参加北京共产党早期组织，是中国共产党第一位女党员。1922年任中国劳动组合书记部秘书，并承担妇女部工作。历任中共北方区委妇女部部长、中共湖南区委妇委书记等职。1927年在上海任中共沪东区妇委主任。1929年在上海逝世。

我既以身许党，就应为党的事业牺牲。奈何因病行将辞世，未能战死沙场，真是憾事！

——缪伯英（1929年）

1925 年，缪伯英和儿子在长沙的合影。

缪伯英与丈夫何孟雄共同保存的中共中央机关刊物《前锋》杂志第二号，上面盖有他们的合章"伯雄"。

"英雄"夫妇　巾帼翘楚

　　第一次大革命失败后，有一对"英雄"夫妇在上海留下了不凡足迹。"英"，是中共第一位女党员缪伯英；"雄"，为时任江苏省委常委等职的何孟雄。他俩的工作任务——在险恶环境中，组织革命群众与反动统治者斗争；他俩的生活状况——食无定时、居无定所、行无定踪；他俩的共同理想——解放劳苦大众，建立民主社会。

　　缪伯英是带着深深的遗憾离开人世的。她说："我既以身许党，就应为党的事业牺牲。奈何因病行将辞世，未能战死沙场，真是憾事！"

杨匏安
（1896—1931）

　　广东香山（今珠海）人。早年留学日本。五四运动期间发表了大量宣传马克思主义的文章。1921 年参加中国共产党。1923 年起历任中共驻国民党中央党团负责人、国民党中央组织部代部长、中央执行委员会常委等职。1925 年参与领导省港大罢工。1927 年任中共第五届中央监察委员。1929 年在上海中共中央机关工作，参加编辑党刊、党报，并任农民部副部长。1931 年 7 月在上海被捕，后于龙华就义。

1925年，杨匏安（右1）与陈延年（右2）在广东的合影。

1929年，杨匏安（王纯一）在上海编译出版《西洋史要》。这是一部用马克思主义唯物史观介绍西欧各国革命和国际共产主义运动史的著作。

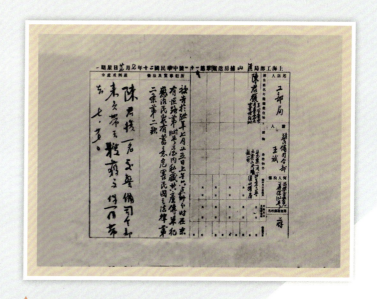

杨匏安（陈君复）被捕送案单和裁决书

慷慨登车去　相期一节全

1931 年，杨匏安再次因叛徒出卖被捕入狱。曾经是国共合作的同事战友，如今一个成了审讯者，一个成了阶下囚。身份的转换，其实只需一念之差。学者素养的杨匏安何尝不知生命的珍贵，嗷嗷待哺的妻儿都在日夜盼他平安回家。

然而，举过手宣过誓终生愿为劳苦大众解放奋斗的杨匏安，完全明白什么是气节，什么是操守，什么是"我自横刀向天笑，去留肝胆两昆仑"。面对当年同事、友人的劝降，杨匏安毅然回绝。面对蒋介石的劝降信与电话，杨匏安撕碎了信，摔了电话。

石可破而不可夺坚，丹可磨而不可夺志。

●—— 肖保璜
（1904—1931）

江西萍乡人。1926 年参加中国共产党，任中共萍乡特支委员、国民党萍乡县党部常委等职，主编《萍乡工农》，领导农民运动。1927 年参加南昌起义。1928 年任上海总工会秘书，后任《白话报》编辑。1931 年任《红旗日报》主编。同年 7 月在上海被捕，不久于龙华就义。

我相信共产主义，今生今世也始终不会改变。生活即使再艰苦些，我也能忍受下去。

——肖保璜（1930 年）

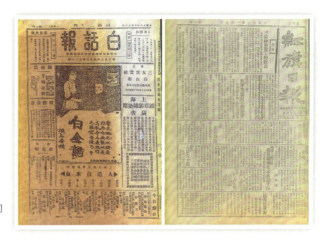

肖保璜在上海编辑的
《白话报》《红旗日报》

──── **应修人**
（1900—1933）

　　浙江慈溪人。1921年创办上海通讯图书馆。1925年参加中国共产党。1927年赴莫斯科中山大学学习。1930年回国，先后在中共中央军委、中央组织部工作。参加中国左翼作家联盟。1932年主编《大中报》。1933年任中共江苏省委宣传部长，同年在与国民党特务搏斗中坠楼牺牲。

1933年，应修人牺牲时携带的声援上海英美烟厂罢工的传单手稿。

——黄 励
（1905—1933）

湖南益阳人。1925年参加中国共产党，同年赴莫斯科中山大学学习。1931年回国后，任中国革命互济会总会主任兼党团书记。1932年调任中共江苏省委组织部长。1933年在上海被捕，7月于南京就义。

▶ 黄励与丈夫在莫斯科的合影

——罗登贤
（1905—1933）

广东南海（今佛山市禅城区）人。1925年参加中国共产党。同年参与领导省港大罢工。1928年后任中共江苏省委书记、全国总工会委员长、中共广东省委书记等职。1930年任中共南方局书记。1931年任中共中央驻东北代表兼满洲省委书记。1932年任中华全国总工会上海执行局党团书记，组织反帝大同盟，开展工人运动。中共第五届、六届中央委员，中央临时政治局委员、常委，第六届中央政治局候补委员。1933年在上海被捕，不久于南京就义。

我个人死不足惜，全国人民未解放，责任未了，才是千古遗憾！

——罗登贤（1931 年）

▶ 1928 年，罗登贤在《布尔塞维克》上发表的《反革命统治下之最近职工运动概况》。

南征北战起苍黄

罗登贤是一位报国唯有赤心存的英雄。当五卅狂飙席卷南粤之时，他于 1925 年 6 月参与领导了省港大罢工，发动工人武装封锁香港，斗争锋芒直指英帝国主义；当日军铁蹄践踏北国之际，他于 1931 年 12 月在东北率先组建十多支抗日游击队，并领导他们与侵略者开展殊死搏斗。

"全国人民未解放，责任未了，才是千古遗憾！"这是他牺牲前留下的遗言。"论英雄不计成败，数风流可鉴兴亡。"此乃中华世纪坛上的铭文。

● 彭干臣
（1899—1935）

安徽英山（今湖北）人。1923年参加中国共产党。1925年赴莫斯科东方大学学习。1926年回国，参加北伐战争。1927年参加上海工人第三次武装起义，参与南市区军事指挥。不久参加南昌起义，任南昌公安局长兼卫戍司令。1928年任中共中央军事委委员，次年负责主持中央军事训练班。1932年到赣东北革命根据地，先后担任红十军参谋处长、彭杨军校校长等职。1934年参加红军北上抗日先遣队，次年在江西怀玉山与国民党军的战斗中牺牲。

革命诚艰巨，断指不足惜，留得头颅在，可为党效力。

——彭干臣（1925年）

▶ 彭干臣在上海从事地
下工作时，化名彭耐
寒刻的象牙图章。

▶ 彭干臣（右1）与家人
在上海合影

三、信念的坚守

—— 钱壮飞
（1896—1935）

　　浙江湖州人。1926 年参加中国共产党。1928 年到上海，不久参加中共中央特科工作。秘密打入国民党情报机关。1931 年 4 月，及时将中央特科负责人顾顺章被捕投敌的情报报告中央，为保卫中共中央和上海党组织起了重要作用。1932 年赴中央苏区，先后任红一方面军保卫局局长、中央军委二局副局长等职。1934 年参加长征。1935 年任红军总政治部副秘书长。同年在贵州息烽遭国民党军袭击牺牲。

▸ 钱壮飞是中共情报史上的杰出代表之一

▸ 钱壮飞及时将顾顺章叛变投敌的消息传递给中共中央，避免了重大损失。图为苏维埃临时中央政府人民委员会发出的顾顺章通缉令。

龙潭虎穴显身手　惊涛骇浪挽危局

　　史家有言：钱壮飞，一个改变中国现代史进程的中共地下工作者，一个不可复制的奇迹人物。

　　1931年4月，中共中央特科要员顾顺章在武汉被捕叛变，他对上海的中共中央机关领导人的住址及行踪一清二楚。此刻，打入南京国民党中央情报机关的钱壮飞收到了从武汉发来的六份急电，阅后深感上海的中央机关危在旦夕。于是，他星夜坐火车奔赴上海，向中央特科领导周恩来报告顾顺章叛变之事。周恩来听罢，立即安排中央机关领导人一一脱险，一场危机就此化解。

—— 陈为人
（1899—1937）

　　湖南江华人。1920年赴莫斯科东方大学学习。1921年回国后参加中国共产党，先后任中共北方职工运动委员会书记、中共满洲省委书记等职。1929年调上海工作，参加《上海报》等编辑发行工作。1932年，奉命负责中央文库的保管整理工作。1937年在上海病逝。

　　惟愿以乐为苦，以苦为乐，若因困难思退，不诗他人谴责，则自当愧死矣！

——陈为人（1920年）

▼ 1935年，陈为人负责中央文库的保管工作。图为中央文件保管地点之一。

他保护了"比黄金还要珍贵的国宝"

位于北京白家疃的中央档案馆内，保存着一批被喻为"比黄金还要珍贵的国宝"。这是 1933 年初，中共中央机关撤离上海时留下的自建党之后 12 年的文件和资料，共 15000 余件。

1932 年下半年，党中央将保护档案的工作交给了陈为人。他租下了上海小沙渡路的一幢两层楼房作为保护档案的文库。此后，他遭遇了妻子被捕，与党组织失去联系，经费来源断绝，肺病复发无钱医治等一系列打击。但他视档案为生命，坚持整理、编目。1936 年，他终于找到党组织，并将档案移交，当他送完最后一箱档案时，大口吐血，昏倒在地。因积劳成疾，翌年他便撒手人间。

●—— 郭纲琳
（1910—1937）

江苏句容人。九一八事变后发起组织中国公学学生抗日救国会，连续三次参加上海学生为抗日救国赴南京请愿示威的斗争。1931 年参加中国共产党。1932 年先后在共青团上海法南区委、沪西区委工作。1933 年任共青团江苏省委内部交通及共青团无锡县委书记等职。1934 年任共青团上海闸北区委书记，同年 1 月在上海被捕。1937 年于南京就义。

我不能屈服在一个无罪而加上有罪的名义下获得释放。

——郭纲琳（1937 年）

郭纲琳在狱中将两枚铜板细心磨成心形，刻上"健美""永是勇士"字样，以表达革命到底的决心。

郭纲琳（左）着男装与家人的合影

永是勇士

1934年1月，郭纲琳被捕，她一进监狱就认定，这是自己的新战场。每当难友受刑后，她总是动之以情，晓之以理：敌人枪杀我们的身体是无法抵抗的，但决不允许枪杀我们的灵魂！为了坚定同志们的意志，她将两枚铜板慢慢磨成铜心，分别刻上"健美""永是勇士"。两枚铜心、一对镌刻，如诗之绝句，词之小令，以小胜大，绕梁不绝。同志们无不为之鼓舞。

如果说，勇士在战场上冲锋陷阵使人肃然起敬，那么，郭纲琳在监狱中的举动则感人肺腑。

——江上青
（1911—1939）

江苏扬州人。1929 年参加中国共产党。中学起参加革命活动，曾先后在扬州、上海两度被捕。1929 年出狱后，任上海艺术大学地下党支部书记，长期从事革命文化教育工作。1938 年赴皖东北工作，后任中共皖东北特委委员。1939 年在安徽泗县遭敌袭击牺牲。

1931 年 8 月，江上青受党组织派遣，到上海暨南大学社会学系学习，同时秘密开展学生运动。图为上海暨南大学旧址。

腹有诗书气自华

华夏灿若星河的名篇佳作，将他哺育为革命志士；悠悠唐风宋韵的无穷意味，把他滋养成文人雅士。

他以诗言抗日之志："畏见强邻犬，惊闻破寺钟。雕虫唯觅句，学剑吐长虹。"他赋诗抒思妻之情："何事萦怀芷，江南梦醉清。柳风传别绪，梅雨诉离情。日在云边醉，月从海上明。蝉声寥落后，携女踏归程。"他用诗发离世之感："春水绿杨思故里，秋山红叶走征途。天涯兄弟成劳燕，互问风尘老病无。"

他就是舍家报国的江上青。

邓演达
（1895—1931）

广东惠阳（今惠州市惠城区）人。先后任黄埔军校教育长、国民革命军总司令部政治部主任、国民党中央执行委员、中央政治委员兼农民部长等职。四一二反革命政变后出走苏联，并参与发表《对中国及世界革命民众宣言》，表示要继续与敌人作斗争。1930 年在上海参与创建中国国民党临时行动委员会（中国农工民主党前身），任总干事。1931 年 8 月在上海被捕，11 月在南京被秘密杀害。

解决农民问题是国民革命要解决的根本问题。
——邓演达（1927 年）

1924 年，邓演达参与创办黄埔军校。图为邓演达（前排右 1）陪同孙中山等视察黄埔军校。

邓演达同宋庆龄在莫斯科发表《对中国及世界革命民众宣言》。图为邓演达（右）与宋庆龄（中）的合影。

1930年8月，邓演达在上海召开中国国民党临时行动委员会（中国农工民主党前身）成立大会，任总干事。图为邓演达组党题词照。

1931年8月，邓演达在上海举办反蒋军事干部训练班时，遭敌逮捕。图为邓演达（右1）被捕时的照片。

最是书香能致远

邓演达自幼以诗书为伴，怀凌云壮志；成年后能文能武，高瞻远瞩。他既是守卫孙中山大元帅府的将军，又是自撰《邓演达文集》的学者，文集涵盖政治、经济、军事与社会等诸多学问。

他的人生理想——"唤起广大农工平民大众，自己起来解除自己的痛苦"。他的抗日诤言——"各党合作，共赴国难；发动群众，对日宣战"。他的临终表白——"我写反蒋文章，不是我邓演达要写，是中国人民要我写"。

书籍是他的挚友与导师，民主是他的信念和追求。

郊县农民武装暴动

中共江苏省委于 1928 年 1 月至 1930 年 8 月，在上海郊县领导了多次农民暴动。农民暴动虽然被国民党当局武装镇压，但充分显示了人民群众不畏强暴、敢于斗争的革命精神。

1928 年 1 月，青浦小蒸爆发农民武装暴动。图为青浦小蒸暴动指挥部旧址。

1928 年 4 月，嘉定爆发农民武装暴动。图为嘉定暴动活动地——六里桥。

—— 吴志喜
（1911—1928）

江苏青浦（今上海）人。1926年参加中国共产党，同年入武汉中央军校学习。1927年任中共青浦县委常委、松江区农民革命军总指挥等职。参与领导小蒸农民暴动。1928年被捕，不久于松江就义。

▲ 吴志喜（左1）在青浦与友人的合影

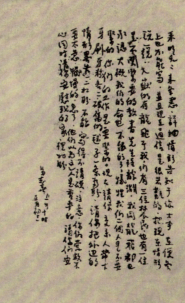

▲ 吴志喜被捕后，在狱中写给党组织的信。

龙华二十四烈士

　　1931年1月17日至24日，国民党上海市公安局伙同公共租界的工部局在东方旅社、中山旅社、华德路小学等十余处逮捕了林育南等36人。他们先被关押在国民党上海市公安局各处，后被解往龙华国民党淞沪警备司令部监狱。在狱中，他们忠贞不屈，挫败了国民党当局的各种威胁和诱降，保守了党的秘密，保护了党的组织，表现了共产党员的大无畏气概和革命乐观主义精神。同年2月7日深夜，国民党当局在无计可施的情况下，将其中的24人秘密杀害，他们是：林育南、何孟雄、李求实、龙大道、欧阳立安、恽雨棠、罗石冰、王青士、蔡博真、伍仲文、段楠、李文、柔石、胡也频、殷夫、冯铿、费达夫、汤士伦、汤仕佺、彭砚耕、刘争、贺治平、李云卿以及一位佚名烈士。二十四烈士是中共重要干部，他们的牺牲对革命事业造成重大损失。

▲
龙华二十四烈士被捕地点
之一——东方旅社

关押何孟雄等人的上海公共租界老闸捕房

龙华二十四烈士就义地

惯于长夜过春时，挈妇将雏鬓有丝。
梦里依稀慈母泪，城头变幻大王旗。
忍看朋辈成新鬼，怒向刀丛觅小诗。
吟罢低眉无写处，月光如水照缁衣。
鲁迅撰写的《无题》，以纪念牺牲的烈士。

林育南
（1898—1931）

湖北黄冈人。1921年参加中国共产党。1922年任中国劳动组合书记部武汉分部主任。1923年参与组织京汉铁路罢工。历任全国总工会上海办事处秘书长、全国总工会执委会委员等职。1928年任中共上海沪东区委书记。1929年在上海主持召开全国第五次劳动大会。1930年任全国苏维埃中央准备委员会秘书长。中共第五届中央候补委员。1931年1月在东方旅社被捕。

金钱地位如粪土，共产主义的信仰决不移！

——林育南（1927年）

1917年恽代英在武昌组织互助社，该社对新文化运动和马克思主义的传播起了积极作用。图为1918年6月恽代英（前排左3）与林育南（前排左4）等互助社部分成员合影。

林育南（铁峦）牺牲前夕给友人的明信片和信

身陷囹圄何足惧　舌战对手胆气豪

　　1931年1月，国民党当局将林育南作为共产党要犯押至龙华国民党淞沪警备司令部看守所，并对其进行劝降。

　　林育南听到"你们共产党不行了"的狂言时，横眉冷对地回击："我党虽小，她却是一个有强大生命力、前途无量的党。"他听见"你们想造反。陈胜、吴广与太平天国胜利了吗？"的质疑时，义正辞严地反驳："我们不是农民起义，共产党代表民众，必将胜利！"他面对"人来到这个世界上，生命只有一次"的威胁时，掷地有声地表示："我为党受难，为人民献身，心甘情愿！"

● —— 何孟雄
（1898—1931）

湖南酃县（今炎陵）人。1920年参加北京共产党早期组织。1921年任中共北京地委书记。同年参与北方劳动组合书记部领导工作，多次参与组织北方工人运动。历任中共唐山地委书记、汉口市委组织部长等职。1927年任中共江苏省委委员、省农委秘书等职，参与领导江苏等地的农民斗争。1930年任中共沪中区委书记。1931年1月在东方旅社被捕。

当年小吏陷江州，今日龙江作楚囚。
万里投荒阿穆尔，从容莫负少年头。

——何孟雄（1921年）

▲
1920年，何孟雄参加北京马克思主义学说研究会。图为何孟雄（前排左5）与该会成员的合影。

▶
1930年4月，何孟雄在投寄《红旗》报的《子敬来信》中，提出了"农村联合起来包围城市"的主张。

狱中题壁

古往今来，凡成大事者，莫不能忍常人所不能忍，受常人所不能受。全国最早50余名中共党员之一的何孟雄便是这样的英杰。

他在黑龙江陆军狱壁上题过诗——"当年小吏陷江州，今日龙江作楚囚。万里投荒阿穆尔，从容莫负少年头。"于逆境中见乐观，于沉着中见昂扬。

他在上海龙华狱壁上题过名。临刑前，他与难友共同在墙上画了一面迎风招展的红旗，并将各自的名字工工整整地写在上面。在囹圄内见坚贞，在死神前见信念，丹心可鉴。

——李求实
（1903—1931）

湖北武昌人。1922年参加中国共产党，同年回武汉负责编辑《日日新闻》。1923年参加京汉铁路工人大罢工。1924年赴莫斯科东方大学学习。1925年回国，先后任共青团广东区委宣传部长、共青团湖南省委书记、团中央宣传部长、团中央南方局书记等职。1928年主编《上海报》。1930年任全国苏维埃中央准备委员会上海办事处负责人。1931年1月在东方旅社被捕。

我们必须要学会既能用枪又能用笔，我们才能称为有共产主义思想的文武全才的革命家。不然革命的胜利无法取得，其他一切更说不上了。

——李求实（1930年）

1920年，李求实（右3）与林育南（右4）、恽代英（右5）等人在湖北的合影。

李求实在上海

1929年李求实在上海创办的以工人为主要读者的《上海报》

智足以造谋　才足以立事

　　幼年李求实崇尚"吾生也有涯，而知也无涯"的名言，少年李求实则如饥似渴地阅读新文化运动先声《新青年》、马恩经典《共产党宣言》等，受其启发，青年李求实发出了"既能用枪又能用笔，我们才能称为有共产主义思想的文武全才的革命家"的呼声。他编辑《俄国革命画史》，乐此不疲；翻译俄国进步作家《陀思妥耶夫斯基》文集，津津有味；主编革命报刊《上海报》，尽心尽力；编辑中共中央机关报《红旗日报》废寝忘食……

　　纵观李求实一生，印证了这句名言：人的知识越广，人就越臻完善。

——龙大道
（1901—1931）

　　侗族，贵州锦屏人。1922 年考入上海大学。1923 年参加中国共产党。1924 年赴莫斯科东方大学学习。1925 年回国后，任中共曹家渡部委书记、上总主席团成员等职。上海工人三次武装起义时曾负责上总工人纠察队的组织和训练工作，并参加指挥攻打闸北地区的战斗。四一二反革命政变后在汉口、杭州等地工作。1928 年任中共浙江省委代理书记。1930 年任上海总工会秘书长。1931 年 1 月在中山旅社被捕。

　　身在牢房志更坚，抛头碎骨何足惧。
　　乌云总有一日散，共庆东方出太阳。

——龙大道（1927 年）

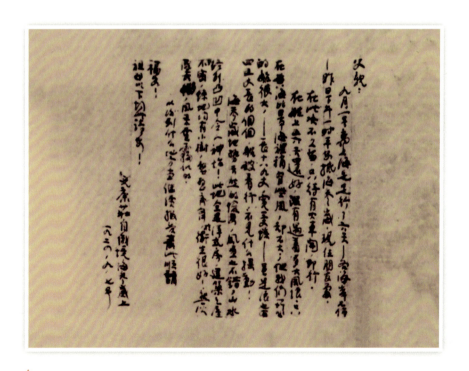

▲
1924 年 9 月，龙大道赴莫斯科东方大学，途经海参崴时写给父亲的信。

▲
1930 年 4 月，龙大道（右 1）在上海与家人的合影。

从"康庄"到"大道"

以名字激励志向，用诗歌表达理想。这是龙大道加入中国共产党之后沉心潜意的追求。龙大道原名"康庄"，他在入党之际，觉得"康庄"似乎美中不足，"大道"方显志存高远，因而改名为"大道"，以此名表达将劳苦大众引向光明大道的决心。由此，他的境界也随之升华。"乌云总有一日散，共庆东方出太阳"的诗句，是他萦绕内心的期待；宁肯自己节衣缩食，慷慨资助贫困工人，是他习以为常的善举；"南北东西春总好，杜鹃何苦劝人归"，是他四海为家的写照。

龙大道，名副其实；先驱者，精神长存。

——欧阳立安
（1914—1931）

湖南长沙人。1927 年起担任中共小交通员。1929 年进上海申新五厂做工，并从事交通和宣传工作。1930 年参加中国共产党。同年任共青团江苏省委委员、上海总工会青工部部长等职。1931 年 1 月在中山旅社被捕，年仅 17 岁。

欧阳立安在上海

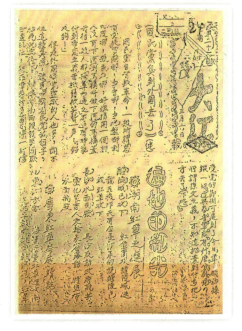

欧阳立安在中共汉阳县担任小交通员时负责传递的中共湖北省委秘密刊物《大江报》

冲冲冲！
我们是劳动儿童团。
不怕敌人刀和枪，
不怕坐牢和牺牲！
杀开一条血路，
冲！冲！冲！

欧阳立安组织童工参加劳动节纪念集会游行时写的儿童团歌

自古英雄出少年　佼佼还数欧阳氏

回望第一次大革命失败后血雨腥风的岁月，我们决不能忘却欧阳立安这位少年英雄。

13岁，他担任党的交通员；16岁，他加入中国共产党，共青团江苏省委委员、上海总工会青工部部长，是他担任的职务。"冲冲冲！我们是劳动儿童团。不怕敌人刀和枪，不怕坐牢和牺牲！杀开一条血路，冲！冲！冲！"这是由他创作并被当时少年儿童广为传唱的歌词。"我是共产党员，就是筋骨变成灰，还是百分之百的共产主义者！"这是他被审讯时的"供词"。

"法兰西的莎士比亚"雨果有言：坚持真理的人是伟大的。

——恽雨棠
（1902－1931）

江苏武进人。1923年参加中国共产党。1925年参加五卅运动，不久参与领导商务印书馆工人罢工。先后两次赴莫斯科中山大学学习。1929年回国后，任中共中央机关报《红旗》发行部主任，并从事文学创作和翻译工作。1930年先后任上海市政工会主席、中共南京市委书记等职。1931年1月从南京回上海汇报工作，在新闸路福康里住所被捕。

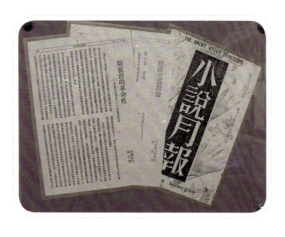

恽雨棠的译著《柴霍甫的革命性》《苏俄文艺概论》

——罗石冰
（1896—1931）

江西吉安人。1924年考入上海大学，同年参加中国共产党。五卅运动期间任上海总工会会计科副主任。1926年回吉安组建党团组织。历任中共吉安地委书记、中共江西省委委员等职。1927年参加南昌起义。后赴莫斯科中山大学学习。1930年任中共青岛市委宣传部长、代理市委书记。1931年1月在东方旅社被捕。

非求荣华非书痴，为求解放甘吃苦，革命总有胜利日，祖国处处黄金屋。

——罗石冰（1925年）

1925年，罗石冰为保护上海总工会与暴徒搏斗后负重伤。图为《申报》刊登的上海总工会遭暴徒捣毁报道。

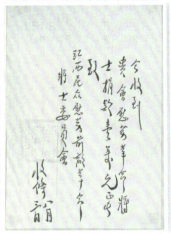

八一南昌起义期间，罗石冰负责财政工作时出具的捐款收条与转款公函。

革命理想高于天

　　罗石冰是一位思想深邃、理想远大之人。早在江西省立第一师范学校上学期间，他就关心时政，抨击旧弊，校长当众夸其将来"必成大器"。五卅运动后不久，他在日记中以诗言志："非求荣华非书痴，为求解放甘吃苦，革命总有胜利日，祖国处处黄金屋。"北伐军占领江西安吉后，他放言："来日中国也必将是民众革命之天下，民众革命，大势所趋，无可阻挡！"

　　先烈理想终于实现。如今中华民族转国运蒸蒸日上，升国旗冉冉凌空。

王青士
（1907—1931）

　　安徽霍邱人。早年在北京大学和俄文法政专门学校学习。1928年参加中国共产党，不久进入未名社工作。1929年起先后任共青团北京市委书记、中共山西特委书记、中共山东省委组织部长等职。1931年1月在东方旅社被捕。

▶ 王青士（右）与弟弟的合影

◀ 1929 年，王青士加入鲁迅主办的进步出版社未名社。图为他在未名社工作时留影。

▶ 王青士为未名社出版的小说《烟袋》设计的封面

花发多风雨　人生足别离

　　王青士短暂的一生，是在为革命不辞辛劳，为工作四处奔波中度过的。"胡马依北风，越鸟巢南枝。"这是他多年不归而思念家乡的心迹表白。

　　他在北平不惧艰险，参与北方左联工作，团结左翼文化人士，反对当局文化专制。他在山东临危受命，担任省委组织部长，努力恢复被破坏的各级组织。他在上海大义凛然，将法庭变为格斗场，与同志们一起怒斥刑警非法行径，挥拳猛击四周凶恶敌人。

　　而后，"共产党万岁！"的口号响彻龙华夜空，青春的热血流淌刑场。

—— 蔡博真
（1905—1931）

广东梅县人。1927年参加广州起义。1927年后被派往莫斯科学习。1929年任上海青年反帝大同盟主任、中共沪中区委书记等职。1931年1月在中山旅社被捕。

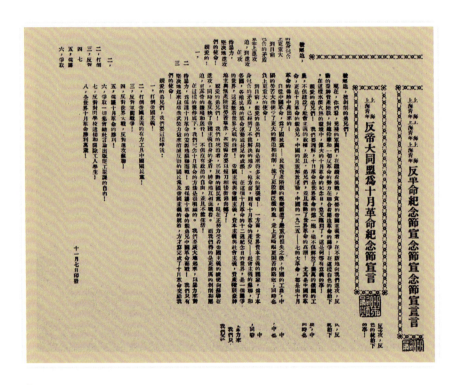

▲
1929年，蔡博真任上海青年反帝大同盟主任。图为1929年11月印发的上海反帝大同盟和上海青年反帝大同盟为十月革命纪念节发表的宣言。

—— 伍仲文
（1903—1931）

广东南海人。中共党员。1925年参加省港大罢工妇女工作。后赴莫斯科学习。1928年回国后，先后在上海中共法南区委、吴淞区委、闸北区委工作。1930年任共青团闸北区委书记。1931年1月在东方旅社被捕。

伍仲文与友人的合影

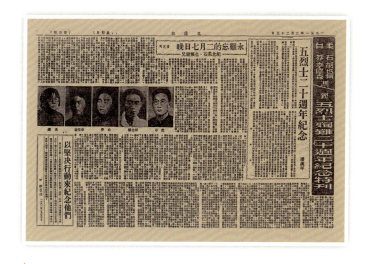
《文汇报》于 1951 年 2 月刊登的黄芝冈关于伍仲文和蔡博真在囚车上举行婚礼的文章

囚车内的婚礼

　　俄罗斯文学宝库里有一部名为《钢铁是怎样炼成的》经典小说，其作者奥斯特洛夫斯基留下了这样一句名言：共同的事业，共同的斗争，可以使人们产生忍受一切的力量。

　　在为新中国成立的征程中，多少革命伴侣为了共同的事业，创造了许多足以载入史册的壮举。如果说共产党人周文雍、陈铁军在刑场上宣示的婚礼催人泪下，那么龙华烈士蔡博真、伍仲文在囚车内举行的婚礼则无比悲壮。同车的难友见证了这可歌可泣的一幕：囚车一路呼啸行进，他俩一起发出"人生之路行将走到终点，伉俪共同信仰永远不变"的结婚誓言反反复复在路上飘荡。

—— 段 楠
（1908－1931）

又名阿刚，湖南酃县（今炎陵）人。1928年参加中国共产党。同年任中共酃县西区区委常委和西区游击队第三路指挥，参与领导酃县三月暴动。1929年任中共上海沪中、沪东区委及上海工会联合会秘书等职。1931年1月在中山旅社被捕。

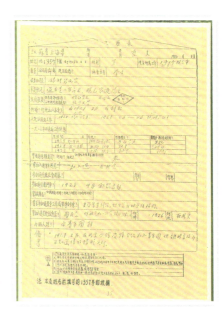

▶ 记录段楠（阿刚）革命活动的干部登记表

—— 李文
（1910－1931）

江苏武进人。早年就读常州芳晖女中，参加学生运动和工农运动。1929年参加中国共产党。1930年先后在《红旗》报、上海市政工会等工作。1931年1月在新闸路福康里住所被捕。

李文曾在《红旗》报工作

李文和丈夫恽雨棠被捕后，化名胡李氏、胡迪生。图为上海工部局捕房的送审单。

龙华塔下　夫妇同行

龙华二十四烈士中，恽雨棠与李文是一对夫妇。恽雨棠，果敢、刚毅；李文，聪慧、率真。他俩在江苏武进投身革命，于黄浦江畔相恋结合。两人互敬互爱，感情甚笃，并追求同一真理，拥有共同理想。1931年1月，他俩被捕后，关押在淞沪警备司令部看守所。2月7日晚，是敌人对他俩下毒手的时候。恽雨棠拖着沉重脚镣，迈开坚定步伐，从容不迫；李文怀着腹中孩子，紧紧依偎丈夫，一脸幸福。他俩面带笑容，手挽着手向夜色中的龙华塔前行，带着尚未出生的孩子，夫妇魂魄一起化为凤凰涅槃。

——柔石
（1902—1931）

浙江宁海人。1926年任镇海中学教务主任。1928年任宁海县教育局局长。同年参与筹备朝花社。1930年加入中国左翼作家联盟，任左联执行委员，并代表左联参加全国苏维埃区域代表大会，同年参加中国共产党。1931年1月在东方旅社被捕。

剜心也不变！砍首也不变！只愿锦绣的山河，还我锦绣的面！

——柔石（1925 年）

▲ 1926 年柔石在上海龙华寺

▲ 柔石生前最后一张照片

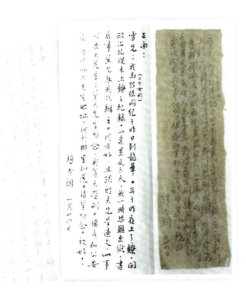
◀ 1931 年，柔石（赵少雄）被捕后向鲁迅报告狱中情况的亲笔信。

才俊陨龙华　先生留余愤

　　"文学是最富于人道的艺术，文学家可以称为职业的博爱者和人道主义生产者。"俄国著名作家高尔基如是说。

　　柔石的作品让许多读者潸然泪下。《旧时代之死》《二月》《为奴隶的母亲》等倾诉百姓的疾苦，鞭挞吃人的社会。这些含血带泪的控诉不仅在国内好评如潮，而且被译成英、俄、法、德及印度等国文字，影响遍及世界。

　　柔石的牺牲使鲁迅先生悲愤不已。"忍看朋辈成新鬼，怒向刀丛觅小诗。吟罢低眉无写处，月光如水照缁衣。"这是先生为身中十弹牺牲的柔石及其他遇难者所写的诗作。

胡也频
（1903—1931）

　　福建福州人。早年任《京报》副刊《民众文艺周报》，《中央日报》副刊《红与黑》编辑。1928年创办红黑出版社，出版《红黑》月刊等。1930年参加中国左翼作家联盟，任左联执行委员、工农兵通讯委员会主席，并代表左联参加全国苏维埃区域代表大会，同年参加中国共产党。1931年1月在东方旅社被捕。

　　文学不是艺术之宫里无用的宝石，而是社会革命最有力的斧头。

——胡也频（1930年）

胡也频与家人的合影

胡也频的《故乡》手稿

红黑出版社出版的《红黑》
月刊

—— 殷夫
（1910—1931）

浙江象山人。1927年在同济大学学习。1929年因
参加工厂罢工被捕，出狱后参与编辑共青团中央机关刊
物《列宁青年》和青年反帝大同盟刊物《摩登青年》等，
并从事工人运动。1930年参与发起中国左翼作家联盟。
1931年1月在东方旅社被捕。

别了，哥哥，别了，此后各走前途，再见的机会是在，当我们和你隶属着的阶级交了战火。

——殷夫（1929 年）

1924 年殷夫（中）与家人的合影

别了，我最亲爱的哥哥，
你的来函促成了我的决心，
恨的是不能握一握最后的手，
再独立地向前途踏进。
二十年来手足的爱和怜，
二十年来的保护和抚养，
请在这最后的一滴泪水里，
收回吧，作为恶梦一场。

1929 年，四一二大屠杀两周年之际，殷夫创作了这首《别了，哥哥》，和在国民党当局任职的大哥彻底决裂。

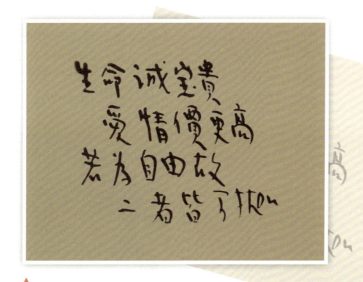

殷夫翻译《裴多菲诗集》的手迹

让我的血染成一条出路，引导同志们向前行进！

清风明月悲殷夫，绿树青山吟君诗。这是殷夫牺牲后，左联同志对他深切怀念之情的生动描述。

殷夫为了推翻旧世界，曾四次入狱；他的著名诗篇《别了，哥哥》，意气风发，感人至深。他不到 18 岁就参加革命。1927 年四一二反革命政变前夕，他在国民党军队任职的哥哥对其提出警告，但他依然故我，不久被捕，后由其哥哥保释出狱。他出狱后继续从事进步活动，1928 年第二次被捕，又由其哥哥保释出狱。1931 年 1 月，他第四次入狱并被枪杀于龙华。他以实际行动实现了生前发出的"让我的血染成一条出路，引导同志们向前行进"的豪迈誓言。

—— 冯铿
(1907—1931)

广东潮州人。早年就读汕头友联中学。后在家乡任小学教员，并从事文艺创作。1929 年在上海参加中国共产党。1930 年参加中国左翼作家联盟，并代表左联参加全国苏维埃区域代表大会。1931 年 1 月在东方旅社被捕。

只要血不会干，什么困难都可以打破！

——冯铿（1925 年）

▶ 冯铿和爱人的合影

在这晨光辐辏的曙天时分，
谁愿在被温里的柔腰之旁，
连想到在那肮脏的场所里，
我们瑟缩地，正磨练着苦工？
"叮铃！叮铃！"是我们钢铁铿鸣；
"吭唷！吭唷！"是我们呻吟之声。
烬里的火焰熊熊地灼燃着，
灼燃着哟，是我们血之沸腾！

冯铿在创作的《晨光辐辏的曙天时分》中，赞颂了劳工力量。

1950年4月，在龙华烈士就义地发掘出来的冯铿的遗物——羊毛背心。

羊毛背心祭芳魂

"问世间，情是何物，直教生死相许。"这件弹痕累累的羊毛背心，见证了革命先烈的钢铁意志和凄婉爱情。它由冯铿在繁忙之中为丈夫许峨一针一线、精心编织而成，尽管许峨非常喜欢这件背心，但他舍不得享用，执意要冯铿穿上御寒。而后，冯铿穿着它为革命奔波，浑身是劲；带着它进入牢房，意志更坚。这件羊毛背心始终陪伴着冯铿，直至她走向刑场。

英国大文豪莎士比亚有言："爱并不因瞬息的改变而改变，它巍然矗立直到末日尽头。"

费达夫
（1907—1931）

上海人。1925 年参加中国共产党，同年任聂中丞华童公学（现市东中学）学生会负责人，发动同学参加五卅运动。1926 年赴莫斯科学习。1928 年回国从事工人运动。1930 年起任沪东区工会联合会主任。1931 年 1 月在华德路住所被捕。

费达夫在江苏高等法院第二分院诉讼通用纸上的手迹

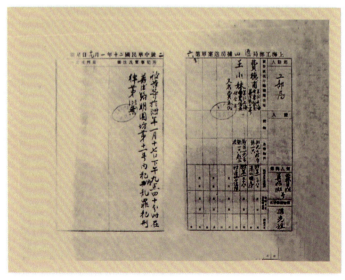

费达夫（费德甫）被捕后，上海工部局捕房的送审单。

—— 汤仕佺
（1905—1931）

江苏如皋人。1928 年参加中国共产党。同年参与组织五一如皋农民暴动，后任如皋西乡区委书记。曾任红十四军干部。1931 年 1 月在华德路鸿兴坊被捕。

—— 汤士伦
（1907—1931）

江苏如皋人。1926 年参加中国共产党。1928 年参与组织五一如皋农民暴动，后带领红十四军攻打国民党九华山公安分局。1929 年任如皋县委书记。1931 年 1 月在华德路鸿兴坊被捕。

汤士伦曾任如皋县委书记。图为中共如皋县委旧址。

▶ 汤仕佺、汤士伦曾参与组织五一如皋农民暴动。图为暴动誓师大会广场旧址。

彭砚耕

（1896—1931）

湖南平江人。早年就读于湖南第一师范学校，后到上海沪江大学学习。1922年参加中国共产党。1925年参加五卅运动。1926年在平江梅仙乡秘密组织农民协会，并成立中共梅仙乡第一个党小组。1928年任中共中央组织部干事。1931年1月在东方旅社被捕。

漫道世事未可明，须知炮响豫章城。此生但效英雄在，不计功利不计名。

——彭砚耕（1927年）

彭砚耕曾就读湖南第一师范学校，与毛泽东同窗三年，一同办过工农夜校。图为湖南第一师范学校旧址。

彭砚耕家谱《平江彭氏族谱》

——刘争

（1900—1931）

湖南南县人。曾投考黄埔军校，黄埔军校四期毕业，曾参加北伐战争。1930年参加中国共产党。同年任中共上海华德路小学支部委员。1931年1月在华德路小学被捕。

姓名	别字	年齡	籍贯	通讯处
杨骏	浦亨	二○	湖南平江	平江嘉义市同吉导转结塘车埠塘
陶绍康	老卿	二○	河南内乡	河南内乡西峡口北寨交
薛嚞	凤伯	二五	安徽寿县	安徽寿县瓦埠街交
刘争	栩荃	二五	湖南南县	南县罗家嘴交
杨开恩	知心	二六	奉天庄河	庄河县大孤山义盛长转水耳山甸村
何大可	定人	二五	河南	汕头桂行检源老圩庐江小学校转交
谭季谦	义夫	二一	贵州	贵州平城内东街
刘济南		二一	湖南	益阳桃镇乔埠转谭家冲
张重三	集武	二四	陕西	富平县南原镇立第二高小转
张益三		二○	陕西	合肥城内北门裤兵巷香宅转交
王道平	化行	一九	江西	东昌县东街集源局转
张庆云	欣辰	二三	安徽	陈留县城定门意双盛
杜庆	季东	二三	河南	新县城内益顺昌夏布庄交
焦桐	琴峰	二一	湖北	宁乡大成桥益兴场德成转
叶重云	秀峰	一九	河南	真阳城处城西门意
欧阳钧	独明	二三	湖南	益阳城内
李树怀	坚任	一八	湖南	湘乡北城正街转
赵桐	莘任	一八	山西高平	高平马村镇军械院
黄纯	正源	二三	广东廉江	廉江良垌转永闸井转峨曹村
程仰山	云坡	二四	陕西河南	湖北武穴圆埠月镇朱少源转
梅远志	鹏先	二六	陕西洋县	陕西洋县交
陈南妙	友桥	二○	湖北海洋	湖北武昌胭脂巷夏家堂科交
朱世富	季文	一九	湖南海洋	上眬峙乌营首科交

少兵第五连

▶ 刘争是黄埔军校第四期步兵科学生，图为黄埔军校同学录。

——贺治平

（？—1931）

1930年任中共上海华德路小学支部委员。1931年1月在华德路小学被捕。

左翼文化

　　四一二反革命政变后，上海左翼文化界在中国共产党领导下开展反对国民党文化"围剿"的斗争。1929年下半年，在中共中央宣传部领导下中央文化工作委员会（简称"文委"）成立。1930年3月，中国左翼作家联盟（简称"左联"）在上海正式成立。随后，社联、剧联等左翼文化团体也相继成立。10月，各左翼文化团体又共同组成中国左翼文化总同盟（简称"文总"）。从此，这支左翼文化新军在党的领导下，兴起了一场颇有声势的左翼文化运动。

◀ 1930年3月，由鲁迅、夏衍等人发起组织的中国左翼作家联盟成立。图为左联成立旧址。

▶ 1936年10月，鲁迅在上海与青年木刻家亲切交谈。

蒋光慈
（1901—1931）

安徽霍邱人。1920 年进入外国语学社学习，后赴莫斯科东方大学学习。1922 年参加中国共产党。1924 年回国，任上海大学教授，并参与领导太阳社、春雷文学社等组织。曾主编《文学专号》《太阳月刊》《拓荒者》等刊物，创作《俄罗斯文学》《新梦》《少年漂泊者》《短裤党》《咆哮了的土地》等作品。1930 年任中国左翼作家联盟候补常委。1931 年病逝于上海。

愿我的心血化为狂涌的圣水，将污秽的人间洗得净净地！愿我的心血化为光明的红灯，将黑暗的大地照得亮亮地！愿我的鲜艳的心血之花，香刺得人们的心房透透地！愿我的荡漾的心血之声，飞入了人们的耳鼓深深地！

——蒋光慈

我的悲哀的中国，我的悲哀的中国，你怀拥着无限美丽的天然，你的形象如何浩大而磅礴！你身上排列着许多蜿蜒的江河，你身上耸崎着许多郁秀的山岳。但是现在啊，江河只流着很呜咽的悲音，山岳的颜色更惨淡而寥落！

蒋光慈著《哀中国》节录。蒋光慈从苏联回国，目睹了当时黑暗的现实，写成诗集《哀中国》，对革命前途作了深入的思考。

▶ 蒋光慈编撰的部分作品

朱镜我
（1901—1941）

浙江鄞县（今宁波市鄞州区）人。早年赴日留学。1927年回国后，在上海加入创造社。1928年参加中国共产党。1930年参与组建中国左翼作家联盟。后任中国社会科学家联盟党团书记、中共中央文委书记等职。1938年参加新四军，任政治部宣传教育部部长，其间负责编辑《剑报》副刊、《抗敌》杂志，创作《我们是战无不胜的铁军》歌词。1941年皖南事变突围时牺牲。

我们是工农自己的队伍，我们在斗争中生长壮大，千百次血战恶斗，锻炼出无限的伟大力量。

——朱镜我（1938年）

1939年朱镜我在皖南云岭

朱镜我（后排右1）在新四军第一次党代会上的合影

文坛百年颂　壮举千秋歌

朱镜我，字夹风雷，文韬武略。

他翻译的恩格斯《社会主义从空想到科学》一书，为当时马克思主义研究者推崇备至；他在左联刊物上发表的《起来，纪念五一劳动节》等文章，为无产阶级革命助阵呐喊；他身陷囹圄时一再吟诵的雪莱诗句"冬天到了，春天还会远吗？"为受尽磨难的同志鼓舞信心；他在部队突围时决然命令："不要管我，你们打出去！"为战友脱险赢得了时间。

身为文人，其生也荣；贵为军人，其殁也哀。

四、民族的脊梁

1932年1月28日和1937年8月13日，先后爆发了中国抗战史上震惊中外的两次淞沪战役。在这两次战役中，爱国将士浴血奋战、视死如归，各界民众团结一心、同仇敌忾，涌现出血战宝山、坚守四行仓库等众多英雄。特别是八一三这场持续近3个月的鏖战，打破了日军速战速决、灭亡中国的野心，极大鼓舞了全民族的抗战士气。

中国共产党在抗日战争中，以自己的政治主张、模范行动，凝聚起广大民众，发挥了中流砥柱作用。在此期间，上海全力支援抗日根据地，并成为抗战文化的重要阵地、中国连接世界反法西斯阵营的纽带与全国抗日救亡运动的中心。

1932年1月28日，日军进攻上海，中国军队与敌浴血奋战。图为中国军队与日军开展巷战。

八一三淞沪战役期间，中国军队在环形工事中作战。

由上海技术工人担任业务骨干的延安中央印刷厂

一·二八淞沪战役

　　1932 年 1 月 28 日，日本侵略军突袭上海闸北，挑起战事。驻守上海的第十九路军与随后参战的第五军及其他部队，以劣势装备和血肉之躯，与敌浴血奋战 36 天。在这次战役中，中国军民联合抗战，打破了"抗战三日亡国""日军不可战胜"的神话。中国军民英勇抗战的壮举，鼓舞了全国人民反抗侵略的斗志。

► 第十九路军士兵追歼逃窜的日军

► 一·二八淞沪战役爆发后，上海人民以各种方式支援中国军队。图为闸北市民将干粮运往前线。

童子军四烈士

在一·二八淞沪战役中，上海商会为支援第十九路军，组织了一批训练有素的商会童子军组成战地服务团，担任救护、运输、通讯等工作。他们分成救护、担架两个大队，在枪林弹雨中往来穿梭。罗云祥、毛征祥、应文达、鲍振武4位童子军成员在抢救伤兵的过程中以身殉国。

救死扶伤的童子军

上海各界追悼童子军
四烈士大会

●—— 滕久寿
（1899—1932）

　　贵州都江（今三都水族自治县）人。早年就读于贵州陆军讲武堂。1926年在广州参加国民革命军，先后任中央军校潮州分校教官、潮州警备司令部参谋处长、国民革命军第十军二十九师参谋长等职。1929年任第十九路军吴淞要塞司令部参谋长。1932年2月，在战斗中牺牲。

　　我辈军人，负有保国卫民之责，速还炮杀敌，后退者枪毙！

——滕久寿（1932年）

▲
1932年，滕久寿在吴淞要塞争夺炮台的激战中牺牲。图为吴淞炮台。

滕将军死事诗　麦若盦主

兵家原不争孤注，决胜还看最后功。

吴淞要塞司令部滕参谋长久寿，贵州人，于二月四日，奉命上炮台督战，敌弹中左臂，仍奋勇登。敌弹再中其右脊，遂殉难。家有老母寡妻，远忠有待，归榇无期，赋此哀之。

黑风吹海海水立，一台屹峙海高踞。

狂雷碾地火沸江，返射三军气盖赤。

将军一人立火前，手提髑髅掷上天。

▶
1932年4月《申报》刊载的《滕将军死事诗》

八一三淞沪战役

　　1937年8月13日，日本侵略军再度对上海发动大规模进攻，中国军队进行了近3个月的顽强抵抗。在这次战役中，前方将士浴血奋战，后方民众踊跃支前，迫使日军5次增兵，并遭重大伤亡。其间，中国共产党组织了轰轰烈烈的抗日救亡运动。这次战役是在抗日民族统一战线旗帜下，中国进行全面抗战的第一次重大战役。

▲
中国军队英勇对抗日军空袭

▶
中国军队在闸北
八字桥攻击敌军

黄梅兴
（1897—1937）

广东平远人。黄埔军校一期毕业。参加一·二八、八一三淞沪战役。八一三抗战中任国民党陆军第八十八师二六四旅旅长，受命阻敌于大八寺（今大柏树）一线。在爱国女校阵地的争夺战中牺牲。

欲以此仅存血肉，供救国牺牲，作同胞马前之导卒。

——黄梅兴（1937 年）

► 在爱国女校阵地的争夺战中，黄梅兴中弹牺牲。图为弹痕累累的爱国女校。

阎海文
（1916—1937）

辽宁北镇人。中央航校第六期毕业后，任国民党空军第五大队二十五队少尉飞行员。八一三淞沪战役爆发后，奉命轰炸日本海军陆战队司令部，因机身中弹牺牲。

我是东北人，今天却成为一个流亡者，我不为金钱而战，我要打回老家去，为 3000 万同胞报仇！

——阎海文（1937 年）

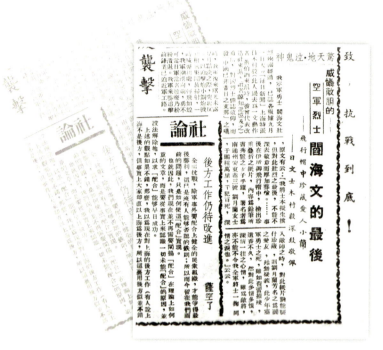

阎海文牺牲后，《救亡日报》刊载的悼念文章《阎海文的最后》。

蔡炳炎
（1902—1937）

安徽合肥人。黄埔军校一期毕业。1926 年参加北伐战争。1937 年任国民党陆军第六十七师二〇一旅旅长。八一三淞沪战役开始后，率部抗敌于罗店一线。8 月 26 日，于前线牺牲。

国难至此已到最后关头，国将不保，家亦焉能存在？

——蔡炳炎（1937 年）

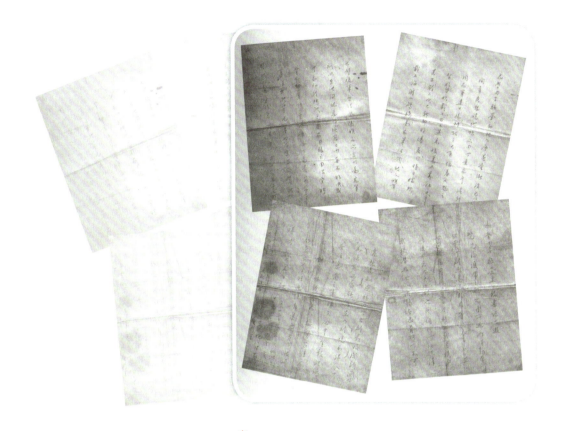

▲
1937 年 8 月 22 日，蔡炳炎由常州赶赴上海参战前写给妻子的信。

—— **姚子青**
（1909—1937）

　　广东平远人。黄埔军校六期毕业。1937 年任国民党陆军第九十八师二九二旅五八三团第三营营长。八一三淞沪战役爆发后，率部守卫宝山县城，击溃数倍于己日军的多次进攻，血战于残垣之中达 7 天之久。9 月 7 日，姚子青营全体官兵阵亡。

　　不把鬼子驱逐出中国，是每一个中国军人的奇耻大辱，弟兄们，豁出去，和日本人拼到底，死了也光彩！

　　　　　　　　　　　　　　　　—— 姚子青（1937 年）

姚子青退守宝山城。图为围攻宝山城的日军。

壮烈殉国留汗青

　　1937 年 9 月，日本侵略军仗着飞机、军舰、大炮、坦克的武器优势，气势汹汹地向宝山城扑来。姚子青率部 500 余人，立下"宁愿死在战场，绝不偷生做亡国奴！"的誓言，以绝对劣势装备奋起抵抗。当城外阵地被炮火摧毁时，姚子青咬牙报告："职决遵命死守！"当城墙被炸塌后，姚子青怒目圆睁，带领士兵打完最后一颗子弹，直至全部阵亡。

　　古有屈原书《九歌·国殇》："身既死兮神而灵，子魂魄兮为鬼雄。"后有英雄谱忠魂篇章：甘将热血洒战场，报国自有好儿郎。

—— 吴克仁
（1894—1937）

　　满族，吉林宁安（今黑龙江宁安）人。早年就读于保定陆军军官学校，后留学日本。历任国民党陆军一一七师师长、六十七军军长等职。1937 年参加八一三淞沪战役，在掩护主力部队撤退时牺牲。

此役凶多吉少，又素无积蓄，嘱夫人善自督率子女，今后皆须勤俭以赴，以继其志。

1937年吴克仁参加淞沪战役前给妻子的信的节录

► 1937年11月6日，为掩护主力部队撤退，吴克仁率部扼守松江。9日在率余部渡河时中弹牺牲。图为日军入侵松江。

— 谢晋元
（1905—1941）

广东蕉岭人。黄埔军校四期毕业。1937年任国民党陆军第八十八师二六二旅五二四团团副，同年参加八一三淞沪战役。10月，为掩护主力部队撤退，率部孤守四行仓库，奋战四昼夜，打退日军多次进攻，民心为之振奋。1941年，在胶州路"孤军营"遭叛兵杀害。

这仓库是我们的根据地，也可能是我们的坟墓。只要我们还有一个人，就要同敌人拼到底！

——谢晋元（1937年）

谢晋元率部坚守四行仓库

上海民众在苏州河南岸声援八百壮士

▲ 上海民众捐给四行孤军的物品

► 谢晋元（坐者）与坚守四行仓库的
第一营四位连长的合影

淞沪壮士　气吞山河

1937 年 8 月 13 日，第二次淞沪战役爆发，中国军队抵抗 70 多天后撤离。10 月下旬，谢晋元团副率领 400 余孤军在上海四行仓库作掩护，他们不畏强敌，血战四个昼夜，用生命奏响了一曲抗击日军的壮丽凯歌。

"我们的魂，可以离开我们的身，枪不能离开我们的手！"这是他在全体战士面前的誓言。"亡国灭种之祸，发之他人，操之在我。"这是他写给妻子的遗书。"中国不会亡，你看那民族英雄谢团长！"这是四行仓库守军引吭的战歌。"独有英雄驱虎豹，更无豪杰怕熊黑。"这是后人对谢晋元的由衷赞颂。

文化抗战

　　抗战时期，上海文化界爱国人士纷纷投入抗战洪流中。他们创作了许多文艺作品动员国人坚持抗战，争取世界爱好和平人士的支援；一大批宣传抗战的电影、话剧、戏曲、歌曲等作品先后问世，这些作品赞美民族气节，讴歌抵抗侵略，有力地鼓舞了人民的抗日斗志。

1935 年，由田汉作词、聂耳作曲的抗日题材电影《风云儿女》的主题曲《义勇军进行曲》，在国内外产生广泛影响，成为全世界反法西斯阵营的战歌。

高唱抗日歌曲的群众

钱亦石
（1889—1938）

湖北咸宁人。1924年参加中国共产党。国共合作期间，任国民党湖北省执行委员兼宣传部长。1930年到上海，后参加中国社会科学家联盟，著有《世界思想家列传》《中国外交史》等。1937年任第八集团军战地服务队队长。1938年因积劳成疾，在上海逝世。

脱掉长衫，同赴战地，一面唤起民众，一面教育自己。

——钱亦石（1937年）

钱亦石（左1）与家人的合影

▲ 钱亦石编纂的部分书籍

传授爱国情　用破一生心

钱亦石于1932年任上海法政学院与暨南大学教授。他在课堂上向学生讲解《近代世界政治史》《现代教育原理》时，指点风华绝代，赞颂家国情怀。他写好《世界思想家列传》后，要求青年以马克思、恩格斯的思想作为"自己做人的指南"。他的专著《中国怎样降到半殖民地》，引导读者沿着其文脉一路上溯，去感悟民族之耻，探寻救国之道。

中国共产党元老董必武称其为"最优秀的教育家"。

●—— **任光**
（1900—1941）

　　浙江嵊县（今嵊州）人。早年赴法国勤工俭学。1928 年回国后，任上海百代唱片公司音乐部主任。后参加左翼剧联音乐小组。先后创作了《渔光曲》《打回老家去》《王老五》等著名歌曲，灌制了许多抗日救亡歌曲唱片。1937 年重赴法国进修，并进行爱国抗日宣传活动。1940 年赴安徽参加新四军军部战地文化处工作。1941 年在皖南事变中牺牲。

　　音乐是大众的，应该从大众身上去发挥，我们作曲家的义务，不过是把劳苦大众那种悲惨生活的痛苦呼声传达出来罢了。

——任光

▲
1934 年，任光为同名电影主题歌《渔光曲》谱曲，这是任光成名曲。图为任光在海岛体验生活。

▲
任光在教唱抗日革命歌曲

● 邹韬奋
（1895—1944）

江西余江人。1926年主编《生活》周刊。1932年参加中国民权保障同盟。1935年后，先后创办《大众生活》《生活日报》及《生活星期刊》，并参与领导上海各界救国联合会和全国各界救国联合会工作。1936年因抗日救亡与李公朴等7人被国民党当局逮捕，史称"七君子事件"。获释后，先后主编《抗战》《全民抗战》等刊物。1944年在上海病逝，后被中共中央追认为中共正式党员。

我心怀祖国，眷念同胞，愿以最沉痛的迫切的心情，最后一次呼吁全国坚持团结抗战。

——邹韬奋（1944年）

▶ 1935年12月，邹韬奋在上海文化界救国会成立大会上演讲。

邹韬奋（左2）慰问抗日战士时留影

▶ 邹韬奋主编的《生活》周刊在九一八事变后力主抗战，影响甚广。

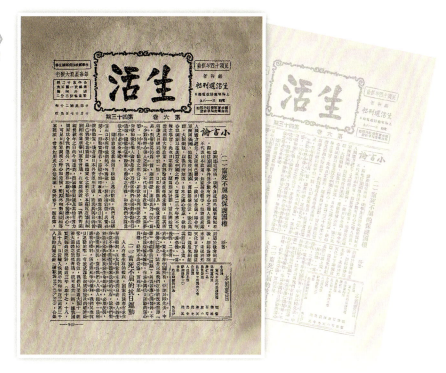

我正增加百倍的勇气和信心，奋勉自励，为我伟大的祖国与伟大的人民继续奋斗。请中共中央严格审查我一生的奋斗历史，如其合格，请追认入党。

1944 年 6 月，邹韬奋弥留之际，口授遗嘱，郑重提出加入中国共产党的申请。

"君子"办刊文章老　人生练达意气平

"韬光养晦，奋斗不懈"——是他名字的含义；"只要有中国人的地方，都可以看见《生活》周刊"——是他主办的刊物在抗日战争时期获得的社会评价；"个人没有胜利，只有民族解放是真正的胜利"——是他出狱后的题词；"严格审查我一生奋斗的历史，如其合格，请追认入党"——是他真诚的遗愿。他的一生，虽平淡如水，却奔流不息。

老一辈革命家周恩来说："邹韬奋同志经历的道路是中国知识分子走向进步走向革命的道路。"

麦新
（1914—1947）

上海人。1932年第一次淞沪战役中参加抗日救亡活动。后主编救亡歌集《大众歌声》。1937年创作了《大刀进行曲》。同年参加中国共产党。1940年任延安鲁迅艺术学院音乐部负责人。1946年任中共内蒙古开鲁县委组织部部长兼宣传部部长，开展土改剿匪工作。1947年遭土匪袭击牺牲。

1936年10月，麦新教群众唱《鲁迅先生挽歌》。

七七事变后，麦新创作了《大刀进行曲》。歌曲唱出了中华儿女英勇杀敌的战斗精神，很快传遍全国。图为《大刀进行曲》手稿。

雄壮的旋律 永恒的精神

　　1937 年 7 月 7 日，日本侵略军在北平发动卢沟桥事变，中国守军大刀队在卢沟桥不畏强暴、血战到底的英雄气概深深感染了麦新。他热血沸腾，文思泉涌，创作了充满激情、昂扬斗志的《大刀进行曲》。这首战歌，词曲相得益彰，字腔浑然一体，节奏铿锵有力。它一经问世，便在中华大地广为传唱，迅速成为振奋国人精神，争取民族解放的时代旋律。

　　殷忧启圣，多难兴邦。《大刀进行曲》所蕴含的抗战精神，将激励中华民族在实现伟大复兴的征途中不断勇攀高峰。

杜重远
（1897－1943）

　　吉林怀德（今公主岭）人。早年留学日本，回国后在沈阳创办肇新窑业公司，以图实业救国。九一八事变后，在上海参加抗日救亡运动。1934 年主编《新生》周刊。1935 年因在《新生》周刊刊登反日文章《闲话皇帝》，遭国民党当局逮捕判刑。1938 年任新疆学院院长，继续宣传抗日。1943 年在新疆被秘密杀害。

　　中国民众已经踏入生死存亡的关头，出路只有一条，就是发动民族抗日战争。

——杜重远（1935 年）

杜重远在《新生》周刊刊载的《闲话皇帝》

1935年5月，杜重远因《新生》事件而入狱。图为他在上海漕河泾第二监狱门口。

—— **李公朴**
（1902—1946）

江苏武进人。早年留学美国，回国后在上海从事新闻工作。九一八事变后参加抗日救亡运动和群众文化教育工作，参与创办申报补习学校、申报流通图书馆等。1936年参加全国各界救国联合会。同年为抗日救亡与邹韬奋等7人被国民党当局逮捕，史称"七君子事件"。1937年获释后在敌后从事抗日救亡和抗战教育工作。1945年任中国民主同盟中央执行委员。1946年因从事和平民主爱国运动在昆明遇害。

拼七人的自由争取四万万五千万人的自由。

——李公朴（1941年）

1932年12月，李公朴任申报流通图书馆馆长。图为李公朴（前排右5）与申报流通图书馆全体同仁合影。

▲ 1946 年 2 月，李公朴参加重庆民众为庆祝政治协商会议成功的集会时，遭国民党特务殴打。图为李公朴受伤住院时的留影。

▲ 李公朴因"七君子事件"被捕。图为他在狱中读书。

浩气长存昭日月

李公朴，一位伟大的爱国主义战士。

当日本侵略者的铁蹄践踏祖国大地之时，他为抗日救亡四处奔走呼号；当国民党挑起内战的乌云笼罩华夏上空之际，他为和平民主竭力摇旗呐喊。

"拼七人的自由争取四万万五千万人的自由"，这是他在看守所内代表"七君子"的题签；"我前脚跨出门去，后脚就不准备再跨回来"，这是他面对国民党特务进行威胁时的回答；"倒下一个李公朴，会有无数个李公朴站起来"，这是他牺牲前留下的豪言。

抵制日伪

　　上海沦陷后，在中共上海地下组织领导下，各界群众不畏强暴，先后进行了护关、护邮、护院、护校、抵制伪币、反对伪政权等英勇斗争。日本侵略者为了压制抗日活动，设立特务机构进行恐怖活动。许多爱国志士在斗争中英勇牺牲。

1939 年 7 月，中国职业妇女俱乐部不顾日伪特务的威吓，举办物品慈善义卖会，支援抗日部队。图为义卖会场。

上海工人举行反日游行

——刘湛恩
（1896—1938）

湖北阳新人。早年留学美国。1923年在上海任中华基督教青年会全国协会教育总干事。1928年任上海沪江大学首任华籍校长。1932年一·二八淞沪战役爆发后，积极参加抗日救亡运动。1937年八一三淞沪战役期间任上海教育界救亡协会主席、中国基督教难民救济会主席等职。上海沦陷后拒绝出任伪职，1938年遭日伪特务枪杀。

▲ 刘湛恩曾任沪江大学校长。图为沪江大学旧址。

▲ 由外国记者和教会人士拍摄的日军南京大屠杀罪证照，通过刘湛恩保存并秘密送出公诸于世。图为刘湛恩经手保存的南京大屠杀照片。

"为了真理和正义，即使上十字架也在所不惜！"

刘湛恩，一生报国赤子情，但悲未见华夏兴。

他在美国基督教会创办的沪江大学中，冲破重重阻挠，革故鼎新，并成为参加爱国民主运动学生的坚强后盾。他在八一三淞沪抗战时，顶住种种压力，勇挑重担，出任上海各界救亡协会负责人，全力支援前线抗战，倾心救济众多难民。

志士气概成名传，不遭人忌是庸才。上海沦陷后，日伪特务对刘湛恩恨之入骨，他们多次对其威胁。亲朋好友都劝他早日离沪，而他总是掷地有声地回答："为了真理和正义，即使上十字架也在所不惜！"

茅丽瑛
（**1910—1939**）

浙江杭州人。1931年进入上海海关工作。全面抗战爆发后，先后参加战时服务团、抗日救亡长征团等救亡组织。1938年参加中国共产党。同年任中国职业妇女俱乐部主席，不顾日伪特务威胁，组织各类救亡活动，支援新四军等抗日部队。1939年遭汪伪特务枪杀。

我爱我母亲，但我更爱我祖国。

——茅丽瑛（1937年）

1936年，茅丽瑛加入中国共产党领导的抗日救亡组织——海关乐文社。图为茅丽瑛（前排左3）参加海关歌咏队的演出。

1938年5月，茅丽瑛任中国职业妇女俱乐部主席。图为茅丽瑛（左2）和俱乐部成员的合影。

临难忘身　见危致命

匈牙利著名诗人裴多菲有诗："纵使我的祖国在耻辱之中，我还是喜欢、热爱、祝福我的祖国！"茅丽瑛正是当祖国在耻辱之中，不惜献出年轻生命的巾帼英雄。

"妈妈，宽恕我吧，请你原谅女儿的这一行动吧。"这是茅丽瑛参加"长征团"南下抗日时，含着热泪对相依为命的慈母所说的告别话语。"环境越是艰难，我们越动摇不得，为义卖而生！为义卖而死！"这是她为新四军筹募衣服、款项，动员义卖时发出的誓言。"我是时刻准备牺牲的，希望大家要继续努力，加倍努力！"这是她因义卖而身中三弹后留下的遗言。

徐阿梅
（1906—1939）

上海人。1927 年参加中国共产党。1928 年任中共上海法电支部书记，同年发动法电工人罢工。1929 年任中共江苏省委委员。1930 年发动上海法电工人大罢工。1931 年因组织工人运动被捕，1937 年出狱。1939 年因拒绝汪伪收买遇害。

> 我是工人选举出来的代表，永远和工人在一起，决不能离开工会。
>
> ——徐阿梅（1930 年）

我在睡梦中，被叮叮的钟声唤醒，
可怕的黑夜，静悄悄地在我们四面包围着。
自来火厂的汽笛声，赶跑了可恶的黑夜，
曙光从东方渐渐地升起，照耀着全地球，
成了一个光明的——可爱的世界。

1935 年，徐阿梅在狱中写下的诗。

1930 年，上海法电举行罢工胜利集会，并向徐阿梅（中间站立者）赠送刻有"劳苦功高"的银盾。

法电职工庆祝罢工胜利

无为其所不为　无欲其所不欲

徐阿梅，是 20 世纪 30 年代初领导上海法商电车公司取得罢工胜利的著名工人领袖。

上海滩大亨杜月笙为拉拢徐阿梅，派人告诉他：要收他为徒，并每月给 300 元津贴。徐阿梅不动声色地说：我是捏榔头柄的工人，高攀不上。杜月笙一计不成，再施一计，把徐阿梅请到家，对他许诺：只要离开工会，汽车、洋房和经理位置样样都有。徐阿梅冷冷地回答：汽车、洋房我享受不起，我只图永远和工人在一起，决不离开工会！

真可谓"奢者心常贫，俭者心常富。"

支援各地抗战

全面抗战爆发后，中共上海地下组织领导上海人民从物力、财力上对抗日根据地与抗日前线鼎力援助，还组织大批上海爱国青年奔赴抗日战场。他们在前线宣传抗日、鼓舞士气、英勇杀敌，有的甚至献出了宝贵的生命。

▶ 八一三淞沪战役后，煤业救护队成员随军撤离上海，参加新四军。图为新四军欢迎煤业救护队成员。

▶ 中共上海地下组织于 1938 年组织千余名青年难民参加新四军。图为参军途中的青年。

王根英
（1906—1939）

上海人。1925年参加中国共产党。五卅运动期间参与领导英商怡和纱厂大罢工。曾参加上海工人第三次武装起义。1927年先后出席中共五大和第四次全国劳动大会。1932年任全国总工会女工部长。1933年被捕入狱，1937年获释。1938年任八路军一二九师供给部财经干部学校政治指导员。1939年在冀南对日军的反扫荡战斗中牺牲。

▶ 王根英在延安

李林
（1916—1940）

福建龙溪人。在上海爱国女中读书期间，积极参加爱国运动。1936年参加中国共产党。1938年任八路军一二〇师独立六支队骑兵营教导员，多次前往抗日前线杀敌，被贺龙誉为"我们的女英雄"。1940年，在晋绥边区反扫荡战斗中牺牲。

我现在不再是一个人了，我是整个革命组织
中的一个小细胞，我感到有无穷的力量。

——李林（1935年）

▲
李林（右1）与战友合影

▲
李林骑战马英姿

马革裹尸当自誓

李林自幼怀爱国之心，立鸿鹄之志。

1933年，她在上海学习期间，耳闻目睹日本侵略军在华的种种暴行，愤然写下了"甘愿征战血染衣，不平倭寇誓不休"的诗句。1936年12月12日，北平学生上街抗议国民政府在上海逮捕救国会"七君子"。李林担任民国大学游行队伍旗手，当她遭警棍猛击，血流满面时，高呼"爱国者的旗帜绝不能倒！"手擎大旗，继续前进。1940年4月，身为八路军120师骑兵营教导员的李林，在一次反扫荡中为掩护根据地群众转移，打到只剩一颗子弹。日军叫嚣：抓活的！她冷笑一声，把枪对准了自己的喉咙……

李林殉国时腹中怀着胎儿，年方25岁。

郊县抗日武装斗争

　　上海沦陷后，中共江苏省委于 1938 年春建立外县工作委员会，领导上海周边地区的抗日斗争。这些抗日武装力量频繁打击敌军，挫败了日伪强化统治的企图。其间，许多志士在与日伪的斗争中表现了大无畏的英雄气概，甚至英勇牺牲。

嘉定外冈游击队

浦东民众抗日武装

刘别生
（1915—1945）

江西安福人。1928年参加红军。1934年参加中国共产党。曾参加反对国民党对中央革命根据地五次军事"围剿"与湘赣边区三年游击战争、抗日战争。历任新四军军部特务团团长、新四军一师十六旅四十八团团长、苏浙军区第一纵队一支队队长等职，屡建战功。1945年在浙西牺牲。

刘别生（左2）与战友的合影

1940年，刘别生被任命为新四军军部特务团团长；1941年，刘别生被委任为新四军第一师第二旅第四团团长。这是他的委任状。

五、胜利的奋争

　　抗日战争胜利后，全国人民欢欣鼓舞，希望实现和平、民主，建设一个统一、独立、自由、富强的新中国。中国共产党代表中国人民的根本利益，为此作出了巨大努力。但是国民党无视人民的要求，不顾国家的利益，在美国的支持下，坚持独裁、发动内战。中共上海地下组织遵照党中央和上海局的指示，组成了最广泛的爱国民主统一战线，同国民党当局开展一系列的斗争，并逐步形成了配合人民解放战争的"第二条战线"。从1948年8月开始，上海人民在中国共产党的领导下，进行了里应外合、迎接解放的斗争，为配合解放军解放上海发挥了重要作用。1949年5月27日，上海解放。

▲ 中国人民解放军华东野战军向上海挺进

▲ 1946年6月23日，上海南京路上高呼"反对内战、要求和平"口号的游行队伍。

▲ 上海人民夹道欢迎解放军

反对内战　争取和平

　　抗日战争胜利后，中共上海地方组织放手发动群众，同国民党当局进行了针锋相对的斗争。上海人民先后开展了反对内战、争取和平运动，反饥饿、反内战、反迫害，反对美国干涉中国内政的爱国民主运动。

◀ 1946 年 6 月 23 日，上海人民团体联合会、学生和平联合会组织代表团赴南京向国民党政府请愿。图为在北火车站广场的送行队伍。

▶ 1947 年 5 月 20 日，在南京的上海、南京、苏州、杭州学生举行反饥饿、反内战游行。

二九惨案

1946 年 11 月，国民政府与美国政府签订《中美友好通商航海条约》，规定了美国在中国享有政治、军事、经济等方面的特权，导致美国货充斥中国市场。1947 年 2 月 9 日，上海百货业工会举行爱用国货、抵制美货委员会成立大会。国民党特务捣毁会场，制造了二九惨案。

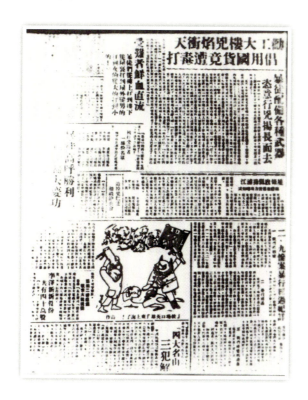

二九惨案相关报道

五二〇反饥饿、反内战、反迫害运动

1947 年，国民党统治区民不聊生。5 月 20 日，在中共上海地下组织领导下，上海、南京等地学生汇集南京，以"反饥饿、反内战"为口号游行，但遭当局镇压，造成五二〇惨案。随后上海学生以"反饥饿、反内战、反迫害"为口号举行总罢课，这场运动席卷全国 60 余个城市。

1947年5月19日，上海学生汇集火车站，为赴南京请愿学生代表送行。

五二〇惨案现场

《文萃》周刊事件

1945 年 10 月，在中共上海地下组织领导下，宣传中共政治主张的《文萃》周刊在上海创办。1947 年 3 月，刊物被国民党当局查禁后转入地下，以《文萃》丛刊形式继续出版。同年 7 月，国民党当局查封《文萃》社，并逮捕陈子涛、骆何民、吴承德等人。他们三人先后于南京、宁波就义。

▲ 《文萃》周刊、《文萃》丛刊

▲ 陈子涛（前排右 2）、吴承德（后排左 1）等《文萃》社成员在龙华的合影

申九惨案

1948 年 1 月 30 日，申新第九棉纺织厂工人为争取合法利益举行罢工。2 月 2 日，国民政府出动大批军警进行镇压，60 多人受伤，300 多人被捕。王慕榈、蒋贞新、朱云仙等 3 位女工在斗争中英勇牺牲，史称"申九三烈士"。

▲
申九工人罢工

▲
申九惨案现场

王孝和
（1924—1948）

浙江鄞县（今宁波市鄞州区）人。1941 年参加中国共产党。1943 年由党组织安排进杨树浦发电厂工作。1946 年参与上海电力公司工人九日八夜罢工斗争。1948 年任上电工会常务理事、党团书记等职，多次为维护工人利益，领导工人与厂方斗争。1948 年 4 月被国民党当局逮捕，以监狱与法庭为战场揭露国民党的罪恶。同年 9 月于上海就义。

前途是光明的！那光明正在向大家招手呢！只待大家努力奋斗！

——王孝和（1948 年）

▶ 王孝和在上海高等刑事法庭上痛斥反动当局

▶ 王孝和在被押赴刑场途中高呼口号："特刑庭不讲理！""特刑庭乱杀人！""看他横行到几时！"

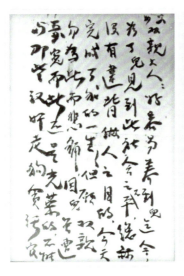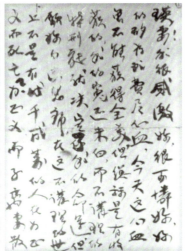

▲ 王孝和临行前在狱中写给父母亲、妻子、狱中难友的三封遗书

三份狱中遗书

这是 16 岁已成为中共党员、22 岁就当选为上电工会常务理事的青年才俊王孝和在狱中所写的三份遗书。

"父母养我育我，含辛茹苦。儿子不能再为双亲尽孝养老，请多谅解。"——给父母的遗书深表内疚。

"把孩子抚养成人后告诉他，父亲是怎样死的。教育孩子一定要继承父志，完成未竟事业。"——给妻子的遗书尽显悲壮。

"为正义而继续奋斗下去，前途是光明的，那光明正向大家招手呢，只待大家努力奋斗！"——给难友的遗书充满期待。

公交三烈士

1949 年初，由于物价飞涨，公交公司工人参加全市工人要求改善生活的斗争，因提出的要求遭国民党当局拒绝而举行罢工。2 月 16 日，国民党当局对罢工工人进行镇压。公交公司 3 名员工遭逮捕后在江湾被害。

公交公司工人罢工现场

利群书报社案

　　1948 年 7 月，利群书报社被国民党警备司令部稽查处查获一批进步书刊，当局就此开展长达半年之久的搜捕。被捕的共产党员、农工民主党成员、进步青年达 200 余人。其中，赵寿先、严庚初、周宝训、黄秉乾、吕飞巡、郑显芝、焦伯荣等 7 人先后遇难。

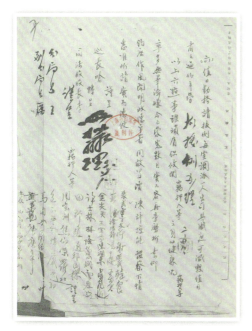

1948 年，周宝训、吕飞巡等在狱中要求改善待遇致狱方的信。

严庚初等人的牺牲地——浦东戚家庙

里应外合　迎接解放

　　1948年底，中共中央上海局与中共上海市委为迎接解放、准备接管作出部署。上海人民针对国民党政权覆灭前的疯狂破坏，开展了反破坏、反迁移，护厂护校斗争，并进行策反工作等；与此同时，建立全市统一的人民保安队和宣传队，配合人民解放军解放上海。

▲
1949年5月，上海铁路工人积极开展护路斗争，以防国民党军队抢夺、破坏车辆。

电台三烈士

上海解放前夕，为使中共上海地下组织与党中央保持联系，李白、张困斋、秦鸿钧3位共产党员在十分险恶的环境中，以秘密电台进行通讯联络。由于电台先后被国民党特务侦破，他们不幸被捕。1949年5月7日被害于浦东戚家庙。

李白用以掩护电台的肥皂箱和修理电台的工具

李白
（1910—1949）

　　湖南浏阳人。1925年参加中国共产党。1930年参加红军，次年参加无线电训练班，先后任师、军团无线电队政委，并参加中国工农红军长征。抗战开始后在上海从事与中共中央的通讯工作，先后设置六处秘密电台，曾三次被捕。

　　我生平是秉大人志向，不贪无义之财，不取无来路之物，一身傲骨，两袖清风。

——李白（1943年）

▲
李白与家人的合影

▶ 李白绘制的发报机线路图

日本已投降，我们胜利了。男等为国家民族奋斗多年，总算亲眼看见有了今日。以后当然只有加紧国内团结，实现建立新中国。

抗战胜利后，李白在给父亲的信中表达了喜悦的心情。

永不消逝的电波

李白，一位"视险如夷，瞻程非邈"的英雄。

抗日战争胜利后，他受党组织委派来到上海开设电台，从此长期战斗在敌人心脏里，低矮狭小的阁楼变成了他的战场。一天又一天，他将一份份情报发送到中央。三伏酷暑，他豆大的汗珠不断渗出；三九严寒，他受冻的身躯颤抖不已，但红色电波从未消逝。1948年12月30日，敌人查到电台位置，李白被捕。当他的妻子带着孩子到狱中探望时，李白安慰她说："天快亮了，这是我们共同期盼的，你应该高兴。至于我，无论生与死，都觉得非常愉快和欣慰……"

张困斋
（1914—1949）

浙江镇海（今宁波市）人。1936年发起组织上海市银钱业业余联谊会，从事抗日救亡活动。1937年参加中国共产党。1939年前往江南抗日游击区工作，不久负责主编《江南》半月刊。同年回上海从事地下工作。1945年参与负责与中共中央联络的秘密电台。

为了人民的解放，为了共产主义在中国的实现，我愿牺牲我的一切——连我的生命！

——张困斋（1937年）

1935年张困斋和银行界进步青年一起组织了"职业青年救国大同盟"。图为张困斋（右2）与救国大同盟青年合影。

1946年张困斋使用的收音机。他曾用这台收音机收听来自解放区的新闻报道。

●—— 秦鸿钧
（1911—1949）

　　山东沂南人。1927年参加中国共产党。参加过莒沂农民暴动。1932年成为中共沂南地区主要领导人之一。1936年赴莫斯科学习电讯技术。回国后负责在上海、哈尔滨设立电台。1940年在上海设立秘密电台并任报务员。多次往返上海和苏北解放区，连接上海与解放区的电台通讯。

人总是要死的，我们共产党人，死要死得光明正大。

——秦鸿钧（1949年）

秦鸿钧与家人的合影

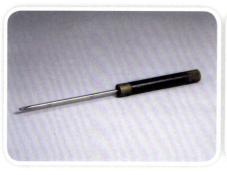

秦鸿钧修理收发报机时使用的工具

警委四烈士

1949年4月，中共上海地下组织领导的警委地下党员将几千份《中国人民解放军布告》秘密投寄给警官以上人员，敦促他们早日悔悟，站到人民一边来。国民党当局为此进行疯狂搜捕。5月13日，中共党员钱凤歧、刘家栋、钱文湘及进步青年蒋志毅先后被捕，受尽酷刑审讯。5月20日，他们被害于闸北宋公园（今闸北公园）。

警委地下联络点旧址

—— 史霄雯
（1926—1949）

江苏武进人。1945年就读于交通大学化学系。1948年任交大学生自治会理事。1949年参加新民主主义青年联合会，参与编印《每日文摘》《每周新闻》，宣传进步思想。1949年5月2日被捕，20日就义于上海宋公园（今闸北公园）。

史霄雯（右2）在交大与同学的合影

史霄雯十分注重自身修养，这是他制订《终生必守信条》20则。

──陈仲信
(1929—1949)

上海人。牺牲在上海的最后一名中共地下党员。1946年参加中国共产党。1948年就读于省吾中学，任中共学生党支部组织委员。1949年任人民保安队长宁区指挥部第二大队大队长，投身迎接上海解放工作。5月25日遭国民党残敌枪击牺牲。

> 黑暗即将过去，曙光就要到来，我们要加紧工作来迎接胜利！
>
> ——陈仲信（1949 年）

陈仲信（左1）与中共省吾中学学生支部成员在校内的合影

1949年，为迎接上海解放，陈仲信参加了人民保安队。这是"人民保安队"臂章。

── 黄竞武
（1903—1949）

江苏川沙（今上海）人。早年留学美国。1941年参加中国民主政团同盟（后改名为中国民主同盟），并任总部组织委员会委员、国外关系委员会委员等职。1945年任上海中央银行稽核专员，后参加民主建国会。1949年发动中央银行员工反对国民党政府偷运金银去台湾，并利用社会关系策动国民党税警队起义。1949年被国民党当局逮捕，不久牺牲。

▲ 黄竞武（后排左2）与其父黄炎培（前排右1）等家人的合影

▲ 黄竞武牺牲后，其父黄炎培为他题字。

郭莽西
（1910—1949）

浙江东阳人。1946 年参加中国农工民主党。上海大夏大学教授，任教期间经常向学生宣传进步思想，并支持和掩护进步青年奔赴解放区参加革命。1949 年 4 月为联络铁路局警务处人员开展护路护站斗争遭国民党当局逮捕，5 月 20 日就义于上海宋公园（今闸北公园）。

郭莽西的笔记本

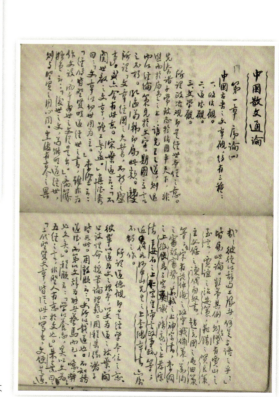

抗战胜利后，郭莽西赴福州参加"中国目前应采取何种政治制度"辩论时的留影。

张权
（1899—1949）

河北武强人。早年就读于保定陆军军官学校，后留学日本。北伐战争时曾任国民革命军第六军十九师少将师长。抗战期间曾任陆军战车防御炮教导总队中将总队长，并与中共建立联系。抗战胜利后，任国民党太湖警备司令、国民党军后勤总部中将视察员等职，为中共开展情报收集和策反工作。解放前夕任上海起义军司令，因事泄被捕。1949年5月21日在上海被害。

抗战时期张权（右1）与苏联顾问合影

张权用来绘制长江沿线布防图的军用对笔以及指北针

记有张权联系的中共干部地址的通讯录

解放上海

　　1949 年 4 月 21 日，毛泽东、朱德发出《向全国进军的命令》，中国人民解放军百万雄师突破长江天险。5 月 12 日，华东野战军以雷霆万钧之势发起解放上海战役。5 月 27 日，上海全部解放。在解放上海战役中，7613 名解放军指战员献出了生命。

中国人民解放军在宝山月浦镇与国民党守军展开巷战

解放军骑兵通过外白渡桥进入市中心地区

胡文杰
（1916—1949）

江苏丹阳人。1938年参加新四军，同年参加中国共产党。历任新四军苏中第二军分区第四团政委、中国人民解放军二十九军八十七师二五九团团长等职。1949年5月在攻克月浦镇战斗中牺牲。

1948年，胡文杰（左3）与战士的合影。

胡文杰获得的毛泽东旗帜徽章

六、时代的先锋

1949 年 10 月 1 日，中华人民共和国成立，开辟了人民当家作主，建设社会主义新中国的历史新纪元。

在中国共产党的领导下，上海人民在解放初期，采取了打击金融投机、统一财经、整顿社会秩序等一系列有力举措，经济很快得到恢复。一批热血男儿踊跃参加志愿军，投身抗美援朝战争。上海人民在社会主义建设时期，自力更生、艰苦奋斗，将上海初步建成一个生产门类较多、轻重工业比重较为合适的综合性工业基地，以及一个比较完整的、能适应经济发展需要的科技基地，并形成了全国支援上海，上海服务全国的局面。上海人民在改革开放新时期，锐意进取、敢为人先，牢牢抓住浦东开发开放的机遇，大力调整产业结构，加快城市基础设施建设，城市面貌焕然一新；与此同时，不断开创国际经济、金融、贸易、航运中心和社会主义现代化国际大都市建设的新局面；在党的十八大之后，积极推进中国（上海）自由贸易试验区建设，加快向具有全球影响力的科技创新中心进军，努力当好全国改革开放排头兵、创新发展先行者。

▲ 1949 年 10 月 2 日，上海市人民政府举行升旗仪式，庆祝中华人民共和国成立。

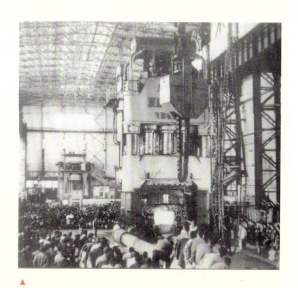

▲ 上海自力更生制造的中国第一台万吨水压机

高楼林立的浦东

夜幕下的浦东国际机场

祖国至上

　　祖国，是母亲；她如此亲切，这般神圣。

　　人生何愁桑梓地，青山到处埋忠骨。新中国建立后，众多上海儿女为了国家安全，毅然决然奔赴战场；为了民族兴旺，义无反顾走向边陲。他们目睹前线的枪炮，从未动摇；面对艰苦的生活，毫无怨言。他们肩负国家重任，甘将热血洒异域；脚踏广袤大地，愿把青春献人民。

　　何为祖国至上？龙华烈士以自己的行为作出了诠释。

凯旋的志愿军部队

参加对越自卫还击战部队举行誓师大会

● 饶惠谭
（1915—1953）

　　湖北大冶人。1933 年参加中国共产党。曾参加淮海战役、解放上海战役等。1949 年任上海警备区公安十六师师长。1952 年任中国人民志愿军二十三军参谋长，率部赴朝鲜参加抗美援朝战争。1953 年在战斗前线牺牲。

◄ 1953 年饶惠谭（中排左 2）入朝前在上海拍摄的最后一张与家人的合影

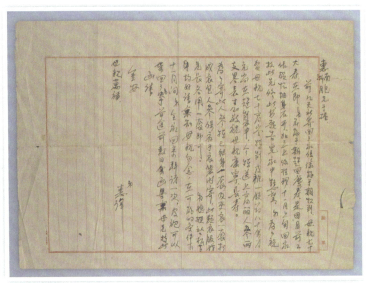

► 饶惠谭给家人的信

他的生命仿佛加长了

被誉为"百科全书式"的法国思想家孟德斯鸠说过：能将自己的生命寄托在他人记忆中，生命仿佛就加长了。饶惠谭就是这样一位值得为上海人民所铭记的英烈。

在上海战役中攻打宝山时，他在泥泞地里冒着密集炮火连滚带爬赶到前沿，指挥部队攻克敌阵；在吴淞口，他带领战士猛冲猛打，歼敌万余；在大杨浦，他率部巧占五角场，勇夺工业区。

黄沙百战穿金甲，不破楼兰终不还。饶惠谭以其赤子之心、尽瘁之举、赫赫战功而永垂青史。

吕士才
（1928—1979）

浙江绍兴人。1953年参加中国共产党。上海第二军医大学毕业后，任长征医院骨科军医。1979年，不顾身患癌症，带领医疗手术队赴对越自卫还击战老山前线抢救伤员。1979年在上海病逝。1980年被中央军委授予"模范军医"称号。

人生的过程，无非是生老病死，但生要生得有意义，死要死得有价值。

——吕士才（1979年）

► 吕士才在癌症晚期，仍坚持搞科研。图为吕士才正在撰写《骨肿瘤》。

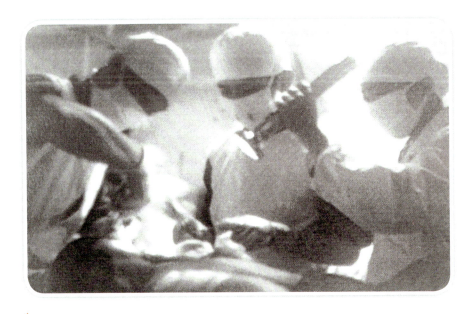

吕士才在前线利用手电筒、马灯和蜡烛光线为伤员缝合小血管。

不顾身患绝症　坚持救死扶伤

　　若要问什么是白衣天使的最高境界，请看吕士才是这样做的。当祖国需要的时候，他隐瞒了病情，毅然决然奔赴战场。在硝烟弥漫的前线，为抢救负伤的官兵，他强忍剧烈疼痛的折磨，咬紧牙关，坚持了近四个月，完成九十多次手术。由于过度辛劳，他的病情日益恶化。他从前线回来后，又为一名患骨癌、急需截肢的病人进行手术。手术之后，在他瘫倒的凳子上，留下了一大摊血水……开国领袖毛泽东曾盛赞从加拿大来到中国帮助抗战的白求恩医生是"一个高尚的人、一个纯粹的人、一个有道德的人、一个脱离了低级趣味的人、一个有益于人民的人"。吕士才不也是这样的人吗？

无私奉献

　　无私奉献，是一种高尚情操，是人生境界的升华。山一程，水一程，筚路蓝缕开征程。无论是在上海热火朝天的建设年代，还是波澜壮阔的改革时期，他们都以感人至深的事迹，演绎着无私奉献精神的内涵。他们面对险情，奋不顾身冲在前；遇到歹徒，毫不犹豫镇邪恶；为人处世，默默无闻作奉献。

　　怎样无私奉献？龙华英烈以自己的行为作出了榜样。

▲
1954年7月，上海优秀技工报名参加祖国建设。图为首批五金技工乘车离沪时与大家告别。

彭加木
(1925—1980)

　　广东番禺人。曾任北京大学农学院助教。1949年后任中国科学院上海生物化学研究所研究员。1953年参加中国共产党。1979年任中国科学院新疆分院副院长。1980年5月，带领一支综合考察队赴新疆罗布泊考察。6月17日，独自一人到沙漠里找水，不幸被流沙吞没。

　　昂藏七尺志常多，改造戈壁竟若何。虎出山林威失特，岂甘俯首让沉疴！

——彭加木（1957年）

▲ 彭加木骑着骆驼向戈壁滩挺进

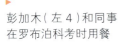

▲ 彭加木（左4）和同事在罗布泊科考时用餐

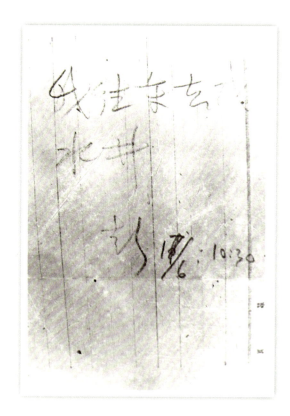

▸ 彭加木的最后留言

> 我要像天山上的雪莲那样，能经得起严峻的考验，不怕艰难，为祖国的科学事业献出自己的青春。

彭加木在新疆进行科学考察的时候用天山雪莲来自况，表达自己要为祖国科学事业献身。

科研道路上的铺路石子

彭加木在世时，书写了这样的人生格言："我愿一辈子做一颗铺路的石子，让别人踏在自己的背上走过去。"他身患绝症，但为了祖国科研事业，依然抱病奔赴边疆；他步履蹒跚，但为了获取一手资料，坚持走遍多个省区。为了开拓新疆的科研工作，他献出了生命，遗骸至今仍未找到。

彭加木遇难后，与他朝夕相处的同事发出了这样的心灵呼唤：彭加木，你在哪里？大漠的回声告诉我们，你在罗布泊深处。无尽的思念告诉我们，你在人民心中。

● 盛铃发
（1944—1989）

上海人。1962年参加中国人民解放军。1965年参加中国共产党。1982年进上海市公安局刑侦处工作，先后任二队副指导员、副队长等职。1989年在执行公务中，为保护战友与犯罪嫌疑人搏斗牺牲。被国家公安部追授全国公安二级英模称号。

◀ 盛铃发在部队训练

金色盾牌　热血铸就

"服从党的利益，这是一个党员的起码条件。"这是盛铃发家书中的一句肺腑之言，他是这样说的，也是这样做的。

一组数据对比——家国情怀：部队服役7年，公安工作7年，这14年间，他与家人团聚时间不足一年。一次分房谦让——高尚品格：一家三口长期蜗居12平米斗室，当单位分房时，他却主动表示退出。一种两难选择——舍生取义：由于工作繁忙，他数日未归，正准备回家照顾生病多日的妻子时，突发紧急案情。他选择立刻赶到现场，最后因保护战友而殉职。

锐意创新

创新，时代的精神，国家的希望，加快发展的引擎。

家一事，国一事，万家忧乐自兹始。在上海改革开放时期，他们以中国气派、海派风格，自觉顺应社会发展趋势，敏锐把握时代特征，在国际竞争中赢得先机、争得主动，以旺盛的创新激情和创造活力，做各自领域锐意创新的领跑者、实践者。

如何锐意创新？龙华英模以自己的行为作出了解读。

新中国第一家证券交易所

洋山深水港

钱学森
(1911—2009)

浙江杭州人。中国工程院院士。1958年参加中国共产党。历任中国科学院力学研究所所长、国防部第五研究院院长等职。先后参与组织中国首颗人造地球卫星"东方红一号"发射、中国首枚洲际导弹全程飞行试验、中国首次潜艇水下发射导弹飞行试验、中国首颗地球静止轨道试验通信卫星发射等。曾获得国家杰出贡献科学家称号、一级英雄模范奖章、"两弹一星"功勋奖章等。2009年在北京逝世。

1960年4月,钱学森(左1)莅临上海南汇简易的发射试验场,视察探空火箭发射情况。

1980年6月3日,钱学森(左2)在码头迎接执行中国首枚洲际导弹全程飞行试验测控任务的航天远洋测量船队。

"航天之父" 的爱国情怀

被誉为中国"航天之父"的钱学森曾说:"我在美国学习、工作,所有这一切都在做准备,为了回到祖国后能为人民做点事,因为我是中国人。"

诚如所言:新中国刚诞生,钱学森就决定离开生活舒适的美国,奔赴一穷二白的祖国。由于他是火箭专家,其回国行动遭美国政府百般阻挠,甚至被司法部无理逮捕。他获释后,电话被窃听,信件被拆开,行动被限制……然而,这一切都无法动摇这位海外赤子的回归决心。

1955年10月8日,钱学森夫妇历尽千难万险,终于回到祖国怀抱,他对前来迎接的亲朋好友哽咽着说:"我们终于回来了!"

—— 汤庆福
(1947—2013)

上海人。中共党员。历任上海市外经贸委(市外资委)副主任、上海市口岸办副主任、上海WTO事务咨询中心副理事长等职。先后参与筹办上海工博会、上海跨国采购大会,并参与上海建设国际贸易中心重大课题的研究。在中国加入世界贸易组织后,参与设计上海的行动方案和各种应对措施。2013年在上海逝世。2014年被中共中央宣传部追授"时代楷模"称号。

▶ 汤庆福(左1)出席上海外经贸企业协会与韩国贸易协会签字仪式

汤庆福出席上海
外贸讲坛

我更在乎生命的宽度

汤庆福生前多次讲过："我虽然不能控制自己生命的长度，但是我更在乎生命的宽度。"什么是他的生命宽度？《上海外经贸"十五"发展计划和2015年远景规划》是由他组织编制的；医生为他开出病危通知后，他居然继续为外贸改革拼搏6个多月；他生命的最后一天，是吃着保心丸在工作中度过的。21世纪初上海外贸工作改革、发展的每一个节点，都留下了他的足迹。这位人民公仆，用实际行动践行了自己的诺言。

—— 邹碧华
（1967—2014）

江西奉新人。1999年参加中国共产党。上海市高级人民法院副院长。2009年首届"全国审判业务专家"，著有《要件审判九步法》。2014年初开始主持上海司法体制改革，独创"案件权重系数"。2014年突发心脏病殉职。2015年被中共中央组织部追授"全国优秀共产党员"称号，被中共中央宣传部追授"时代楷模"称号。

我们的每一点努力都会为中国法治带来进步！

——邹碧华（2013 年）

邹碧华与信访当事人讨论案情

邹碧华走访基层

法官当如邹碧华

邹碧华离世后，网上网下哀思如潮；"法官当如邹碧华"成为社会各界的共识。是什么让人们希望邹碧华精神永留人间？在于其勇于担当、敢于创新、崇法尚德、公正为民的职业精神。是他，推动了上海法院信息化建设；也是他，专门设立便民电话，方便群众诉讼；还是他，坚持每周接待群众来访，化解矛盾纠纷……一件件往事、一桩桩实事，无不证明：他实现了人生价值的完美超越。

钟扬

（1964—2017）

　　湖南邵阳人。1991 年参加中国共产党。曾任复旦大学研究生院院长、生命科学学院教授、博士生导师，中央组织部选派的第六、七、八批援藏干部。长期从事植物学、生物信息学研究教学工作，在青藏高原收集上千种植物的数千万颗种子，为国家和人类储存下植物基因宝藏。2017 年在内蒙古遭遇车祸不幸去世。2018 年被中共中央宣传部追授"时代楷模"称号。

钟扬（左 1）带领学生在西藏采集植物种子样本

钟扬指导藏族学生做研究

图书在版编目（CIP）数据

英雄壮歌：龙华烈士纪念馆基本陈列 / 龙华烈士纪念馆编.
— 上海:上海教育出版社, 2020.10
ISBN 978-7-5720-0381-3

Ⅰ.①英… Ⅱ.①龙… Ⅲ.①革命烈士－纪念馆－陈列说明
－上海 Ⅳ.①K878.2

中国版本图书馆CIP数据核字(2020)第179537号

责任编辑　戴燕玲
装帧设计　陆　弦

YINGXIONG ZHUANGGE LONGHUA LIESHI JINIANGUAN JIBEN CHENLIE
英雄壮歌：龙华烈士纪念馆基本陈列
龙华烈士纪念馆　编

出版发行　上海教育出版社有限公司
官　　网　www.seph.com.cn
地　　址　上海市永福路123号
邮　　编　200031
印　　刷　上海展强印刷有限公司
开　　本　787×1092　1/16　印张 13.25　插页 4
字　　数　266 千字
版　　次　2020年11月第1版
印　　次　2020年11月第1次印刷
书　　号　ISBN 978-7-5720-0381-3/D·0004
定　　价　198.00 元

如发现质量问题，读者可向本社调换　电话:021-64377165